◎ 曾仕强 著

# 财神文化

西安出版社

图书在版编目（CIP）数据

财神文化 / 曾仕强著. -- 西安：西安出版社，2017.8（2022.6. 重印）
ISBN 978-7-5541-2473-4

Ⅰ．①财… Ⅱ．①曾… Ⅲ．①神－文化研究－中国 Ⅳ．① B933

中国版本图书馆CIP 数据核字（2017）第 218414 号

---

## 财神文化
### CAISHEN WENHUA

| | |
|---|---|
| 著　　者： | 曾仕强 |
| 责任编辑： | 李宗保 |
| 出版发行： | 西安出版社 |
| 社　　址： | 西安市曲江新区雁南五路1868号曲江影视大厦11层 |
| 电　　话： | （029）85253740 |
| 邮政编码： | 710061 |
| 印　　刷： | 天津格美印务有限公司 |
| 开　　本： | 710mm×1000mm　　1/16 |
| 印　　张： | 14 |
| 字　　数： | 130 千 |
| 版　　次： | 2018 年 1 月第 1 版 |
| | 2022 年 6 月第 2 次印刷 |
| 书　　号： | ISBN 978-7-5541-2473-4 |
| 定　　价： | 49.80 元 |

---

读者购书、书店添货或发现印刷装订问题，请与本公司营销部联系。
电话：010-69292472
盗版举报电话：010-69290834

目　录

第一集　身心之外还有道
　　　　——道德是提高人位置的唯一条件 …………………………………… 1

第二集　道德是最高信仰
　　　　——道德就是行道而有所得 ………………………………………… 17

第三集　用心学习才有德
　　　　——先学做人才会做事 ……………………………………………… 33

第四集　借鬼神提升道德
　　　　——起心动念要及时端正 …………………………………………… 51

第五集　恢复神的真面目
　　　　——按照天理协助人明白道理 ……………………………………… 69

第六集　人人必经鬼门关

　　——生无忧而死无惧……………………………………………89

第七集　活着先过金钱关

　　——金钱观需从小培养…………………………………………109

第八集　财神是一个集团

　　——财神就是生财聚财通财之道………………………………127

第九集　明白财神的特征

　　——因应人不同的需求而有差异………………………………143

第十集　先做财神的同道

　　——做一个财神喜欢的人………………………………………161

第十一集　自己求合理应变

　　——人生是阶段性的调整………………………………………185

第十二集　德本财末才合道

　　——人人善尽自己的责任………………………………………205

## 第一集　身心之外还有道

### ——道德是提高人位置的唯一条件

· 讲财神文化，主要目的是要破除迷信，而且也不牵涉宗教。

· 儒家是站在求生的立场来看《易经》，道家是站在保生的立场来说《易经》，而佛家是站在乐生的立场来讲《易经》。

· 我们除了身体健康、心理健康之外，还有一个更高的东西——道德。

· 仁义道德是提高人的位置的唯一条件。

· 心在哪里？你不用的时候，是找不到它的；一旦你用心，心就出现了。这个心就是良心。所以，真正用心就是凭良心。

· 现代人往往害怕面对自己；能动不能静；编造理由骗自己。

现代中国社会，处于一个经济飞速发展的时代，也是一个人们最渴望积累财富的时代。为了能够快速获取财富，人们在商场拼杀的同时，常常把发财的希望寄托在好运气上。于是，有的人烧香拜佛，有的人干脆把财神请到公司，甚至请到家里，希望财神能够保佑自己财源滚滚。中国人为什么相信财神？财神真的能带来财运吗？

## 第一集　身心之外还有道
——道德是提高人位置的唯一条件

我们这次讲财神，主要目的是要破除迷信，而且也不牵涉宗教。

一般人，一想到财神，就会想到是迷信，或者认为那是宗教的一种说法。中国人基本上是没有宗教的。如果跟西方的宗教相比较的话，我们的儒、道、释三家是构不成西方宗教的严格要求的。很多人只是看到西方有宗教，便回头找我们的宗教在哪里，而且在讲我们自己的历史的时候，也经常把西方的那一套套上去。我并不赞成这种做法。

举个例子。如果一个人跟我讲：我是基督教徒，所以我不能看《道德经》。这样我可以接受，因为那是西方的标准。如果一个人跟我讲：我相信佛教，所以我不能看《道德经》。我就会告诉他不必这样。因为中国人儒、道、释三家，讲的是同样的道理，也就是都在讲《易经》的道理。换句话说，儒家是站在求生的立场来看《易经》，道家是站在保生的立场来说《易经》，而佛家是站在乐生的立场来讲《易经》。立场不同，但是他们的目标是一致的。所

## 财神文化

以我们不要有排他性，也不需要有排他性。当然，长久以来儒、道两家争得非常厉害，我认为这是弟子们维护各自的老师过分心切，其实没有必要。孔子跟老子两个人互相说得很好，他们讲的话，完全没有分别。

很多人认为，既然讲中华文化，就应该穿中国人的服装。我今天特别穿了西装，也是告诉大家，中国人没有自己的服装。为什么？大家想想就知道了，清代的服装，跟明朝不一样，跟汉朝又不一样。我们吃的东西也一直在变，用的也不固定。我们中华民族不重视看得见的部分，我们所在乎的是无形的、看不见的部分。也就是说，你脑袋里面究竟怎么想，才是最重要的。因此，我们不要太执着于看得见的、有形的部分，而要常常去检讨自己看不见的部分有没有走样，这才是对得起祖宗的一种具体的表现。

我们这次讲财神，也是把它当作一种文化来看待。因为它本来就是中华文化里面很重要的一环，并不像大家平常表面上所了解的那样。讲到财神文化，我们首先要了解的一个单元，就是身心之外还有道。

一般人受西方的影响，只说我有身，我有心。实际上，中国人应该知道，身代表身体，心代表心灵，但是这两个之外，还有一个更重要，叫作道。我们中华民族如果把"道"字忘记了，那么中华文化就消失了。这是非常严重的事情，不可以不特别小心。

## 第一集　身心之外还有道
——道德是提高人位置的唯一条件

明朝有一位道学家，叫陈白沙。他的名字取意为很漂亮的白色的沙子。他提出一个学说，非常简单的三个字，叫作"禽兽说"。这里我们要特别提醒大家，禽，我们很喜欢它，不会排斥它；兽，我们也很喜欢它，爱护它。但是当"禽兽"这两个字加在一起的时候，就不太好听了。因为在中国的文字里面，禽兽是一个非常令人提心吊胆的说法。比如中国人骂人骂得最难听的就是"你禽兽不如"。禽兽不如那还得了？所以不要小看"禽兽"这两个字合在一起的威力，那是十分严重的。

陈白沙讲的一句话，今天的每一个中国人都应该好好去反省。他说：如果一个人只重视自己的心理健康，只重视自己的身体健康，这个人简直就是禽兽。

人有身体，有心智，注重身体健康和心理健康，似乎是理所当然的事情，但是为什么明朝道学家陈白沙却说，如果只注重身体和心理的健康就是禽兽呢？除了身体和心理的健康，我们还应该注重什么呢？

要知道，我们除了身体健康、心理健康之外，还有一个更高的东西——道德。中国人只要把道德去掉，那就禽兽不如。这也是我们跟西方看法非常悬殊的一点。全世界只有我们中国人把人的位阶

提到最高，西方人大致上都只认为人是动物的一种。他们有一门学问就叫人类学，研究最终得出的结论是：人就是动物的一种，不要把自己抬得太高，否则就叫作"人类沙文主义"。可是，我们和他们的看法不同。我们自古以来就认为，人固然是动物的一种，但是，人应该扮演超越所有动物，可以照顾所有动物的，一种不一样的角色。所以，我们会有天人合一。这些说法是外国人比较不容易接受的。他们认为你们把自己的身份提得太高了，太高估自己了。

儒家的代表性人物荀子，提出一个说法："人，最为天下贵。"为什么？荀子做了一个比较："水火有气而无生，草木有生而无知，禽兽有知而无义，人有气、有生、有知，亦且有义，故最为天下贵也。"意思是说水跟火只有气，没有其他的东西。水就是水蒸气变来的，火就是向上燃烧的那股气在循环往复，它们都很单纯，都没有生命。

可是植物呢？就比水、火更近一步。植物不仅有气，还会生，可是植物不能动。所以，植物才要一丛一丛地生，因为单独一株植物，它的气不足。丛生，就是把足够的气聚合起来并传出去，从而把自身所需要的蝶、蜂引过来。我们常说一个词，叫作招蜂引蝶。如果植物不招蜂引蝶，它就不能生生不息。

动物又比植物近一步。动物有气，有生命，还有知，只不过动物的知叫作本能。比如，你可以把一只狗带到某个地方，然后让它

## 第一集　身心之外还有道
### ——道德是提高人位置的唯一条件

自己走回来。但是你永远没有办法让一只狗自己到某个地方，它做不到。它只会回来，不会自己走去。当然，人可以，你现在叫他去哪里，他就能去哪里，不需要你带，他也能自己回来。可见，人的位阶是更高的。

**人最为天下贵**

| 水火 | 植物 | 动物 | 人类 |
|---|---|---|---|
| 气 | 气 | 气 | 气 |
|  | 生 | 生 | 生 |
|  |  | 知 | 知 |
|  |  |  | 义 |

人有气，有生命，有知识，还有智慧，但是人最要紧的是有义。一个人如果不仁不义的话，那简直就不是人了。这样我们才知道，为什么孔子那么重视仁义，而老子那么重视道德。因为**仁义道德是提高人的位置的唯一条件**。植物没有仁义道德，动物也没有仁义道德。所以，我们不要因为大鱼吃小鱼，就觉得小鱼很可怜，大鱼很可恶，没有这回事。像这种价值判断，只有人才有，动物是没有的。根据这种现象，周武王才很清楚地告诉我们"人为万物之灵"，孟子才大声地说"我们要重视人禽之辨"。因此，人跟禽兽一定要好好区分清楚。天下最珍贵的是人，人是万物之灵，也只有中国人这样讲。

### 财神文化

中国人为什么要把人的地位提高，这个大家真的应该好好想一想。天地造人，主要目的就是让人能够帮助天地去运行，所以人的作用非常之大。以前我们说，天气跟人有关，天空的颜色跟人有关，很多人会觉得是迷信，或者说是自然现象，但是现在大概没有人会否认了。只要人一变好，天就清了；只要人一变坏，天又不清了，这些都已经展示在大家面前了。如果你还否认，就是无知。科学家一向认为天象跟人没有什么关系，但是我们慢慢知道，现在很少有什么天然的灾难，反而越来越多的是人为的灾难。

人类为了满足自身需要，不断地向大自然索取，最终造成了环境的破坏与污染，这也是现在自然灾难频发的重要原因。那么，人究竟应该如何与大自然、与天地和谐相处呢？

我们再回头看看《易经》是怎么说的。《易经》讲了三才之道，就是天有天的才能，地有地的才能，人有人的才能。这里我们要提醒大家一点，中国人讲到天的时候，是不会忘记地的。因为只有天，没有地，天就没有用；只有地，没有天，地也没有用。为什么地球能住人，月球不能住人，差别就在于月球没有天。只要没有天，地是完全没有用的，任何东西都长不出来。但是天本身是没有功能的，天上什么都没有，空空的，要不然怎么叫天空。云和雾随

## 第一集　身心之外还有道
### ——道德是提高人位置的唯一条件

时在变，一旦变成雨就会从天上掉下来。任何东西在天上只要有一点点重量，就会撑不住掉到地上，所以天是空的。佛家讲空，道家讲无，可见空、无是很重要的。西方的问题就是他们只相信看得见的东西，始终不相信看不见的东西，因此他们的路越走越窄，已经走不下去了。

中华文化以三作为必要的数字，我们都是"无三不成礼"。西方讲二，他们凡事都是两个，任何问题只有两个答案。我们讲三，任何问题一定有三个答案。这是非常明显的区别。所以西方人不是"Yes"就是"No"，而中国人很少讲"Yes"或者"No"，我们都讲"差不多""好像是""不一定""再看看""很难说"。我们为什么会这样子？当然有道理。因为两个极端毕竟是少数的，大多数都是变来变去的。比如，如果你问西方人这个人有没有信用，西方人会说"有"，或者"没有"，因为他们完全根据银行的账户往来做判断。如果你问中国人同样的问题，他会说"不知道"。因为一个人对银行可能很有信用，但是对别人可能毫无信用。这都是事实，大家随处可见。

人类现在最麻烦的，就是二分法的思维。认为一切都是非此即彼，非对即错。把名号看成确定的，把定义讲得很精确。现在我们学校也在教二分法，其实这是很可怕的事情。二分法是西方人的东西，中国人就是三分法。我们是全世界唯一一个把两个东西看成三

个的民族，西方人怎么看都是两个。凡是西方人看出两个的，我们都能看出三个来。

我们经常讲，天有天理、地有地理、人有人理。可见我们都是讲理的，但是我们没有同理心。当然，西方有同理心，所以很多人就认为我们也要有同理心，若这样，中华文化就不见了。为什么？因为西方人的理是从法来的，叫法理。他们的理完全根据法律，法律是这样，道理就是这样。之所以说他们不会变，就是因为法律是死的。中国人的理是从情来的，叫作情理。情是会变的，所以同样一个理，公说公有理，婆说婆有理，在北京有北京的理，到上海有上海的理。西方的理是固定的，中国的理是变动的。现在很多人因为没有这样的修养和认知，就认为好当然是好，但那是在西方好，到我们中国就不适合了。西方的滞弹性比较小，所以他们制订的法律比较明确。而我们中国制订法律，那是非常可怕、非常麻烦的。如果订得太严格，没有人敢执行；如果订得稍微宽松一点儿，所有人都不服。事实就是这样的，要不然我们很早之前就实施法治了。

地有地理。有人说地理是一种迷信，大家千万不要这样认为。我们应该很清楚，地理是真的。比如同样一个家庭，把门稍微调整一下，所有人的磁场都会非常高。这是马上可以改善的事情。但是可怕的是那些不懂装懂，只知道一招半式就走江湖的人，他们让你今天买这个，明天买那个……他们的目的是推销东西，其实是没有

## 第一集　身心之外还有道
### ——道德是提高人位置的唯一条件

效果的。那你怪谁呢？一切一切都是人出了问题。这样大家才知道，为什么我们中华文化特别重视人。西方也不是不重视人，他们重视的是制度。因为在西方，人是不可靠的，流动性很大，整天跑来跑去跳槽。现在我们很多年轻人也学西方，喜欢跳槽。其实，跳槽对自己非常不利，就好比滚动的石头连苔都生不出来；就好比抹布，借你擦一擦，借他擦一擦，哪天不小心擦到自己的脸，满脸都会生疮。现在的人因为没有重视根本，没有读懂《易经》，总是在表面上下功夫，实在非常可怜。

*古老的《易经》，被称为是中华文化的群经之始。它告诉我们，大自然有天地人三才，天有天理，地有地理，那么人理是什么呢？*

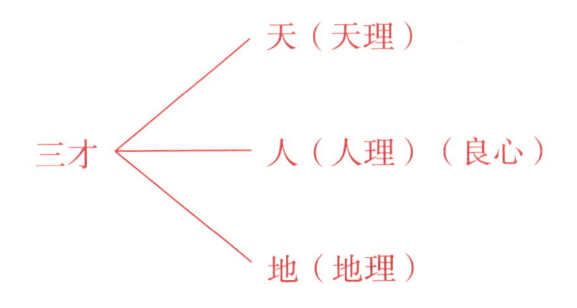

$$三才\begin{cases}天（天理）\\人（人理）（良心）\\地（地理）\end{cases}$$

人有人理。**人理就是良心**。所以中国人有句话，哪怕再过几千年，也还是对的。这句话就是"天不怕，地不怕，只怕自己的良心

## 财神文化

来说话"。中国人就怕自己良心不安，法律是管不了他的。现代人不是没有良心，而是忙到不知道良心，甚至忙到最后良心不见了，因为你不注意它，它就不见了。

我们从小就听妈妈说你要用心，听老师说你要用心，但是这句话没有人能听得懂，因为心在哪里，谁也不知道。心在哪里？不在心脏，也不在大脑。想想看，你能用心脏吗？你能用大脑吗？所以那都不叫用心。其实我们的传承有一段是断掉的。心在哪里？答案很简单，就是你不用的时候，是找不到它的；一旦你用心，心就出现了。这个心就是良心。所以，**真正用心就是凭良心。无论做什么事情，都要凭良心，对人凭良心，处理事情凭良心，根本不需要什么法律，而且比法律还要好。**

现在的人很怕面对自己，一旦空闲就会慌张，因为害怕自己。现在的人谁都不怕，就怕自己。连走路都不敢注视自己，只好低头划手机，就算撞到电线杆也不知道。这种人生还有什么意思，还有什么价值？更有甚者，整个颈椎坏掉了，整个大脑坏掉了。现在跟脑和脊椎相关的病，年年增多，但是如果你问专家，专家却会说不是这样。专家后面有财团，财团告诉他不会，他就告诉大众不会，因为专家是傀儡。换句话说，专家多半是被收买的，他不敢凭良心，因为一凭良心就丢差事了。

我们为什么不敢面对自己？就是因为一面对自己，良心就出来

## 第一集　身心之外还有道
——道德是提高人位置的唯一条件

了，说这个很丢脸，那个很糟糕。我们最害怕的其实是自己，大家可以去想一想是不是这样——你谁都不害怕，就怕自己。我怕你干什么？我欠你钱，欠就欠吧，你能怎么样？我对不起你，对不起又能怎么样？但是对你自己，你敢这样吗？不敢。现在很多人常常到夜里十一二点不睡觉，就是怕半夜醒过来，良心发现，觉得自己过得不是平实的生活而懊悔不已。但是第二天醒来，依然如此。

**现代人最可怕的是能动不能静**。因为静不下来，所以才要静坐，要不然静坐干什么？静坐的重点在静不在坐，坐不坐无所谓。你站着也可以静下来，跟他讲话当然也可以静下来，只要能静得下来就够了。但人往往就是静不下来，要让自己忙，麻痹自己。用孔老夫子的话来讲，就是我们每天在重复地做一件事情——骗自己。这样大家才知道，为什么孔老夫子别的话不讲，却总是反复讲你不要骗自己。外国人很少讲这种话。外国人都是告诉你不要骗别人，中国人很少叫你不要骗别人。因为你有勇气骗他，如果他愿意上当，那是他的事。中国人不同情吃亏上当的人，你要自己想办法。中国人一旦上当，我们都笑他：你啊，跟你讲你不听，又上当了。对方也会哈哈一笑了之。这是中国人本色，没什么好丢脸的。现在很多人不了解自己，也不知道自己是对还是错，却到处讲一些盲目的学习方法，如果这样下去，中华文化就不见了；中华文化不见了，中华民族就没有了。我相信大家都不忍心中华文化到我们这一

代人手中，整个被毁掉。那真是罪大恶极，对不起祖宗。

我们天天都在编造理由自己骗自己，这点一定要彻底改变。我们这次讲财神文化，其实也是要改造自己，使自己过一个有意义、有价值的人生。

## 拓展阅读

### 何为《易经》

要了解《易经》，首先要从"何为《易经》"这个题目开始。《易经》是什么？所有文献都是这么记载的：《易》是群经之首。因为不管是五经还是六经，都把《易经》摆在最前面。实际上这句话太客气了，应该是"《易》为群经之始"。因为它是中华文化的总源头，是诸子百家的开始。

《易经》是什么？这种问题大概只有中国人听得懂，外国人不太喜欢这样的问题，因为这种问题的答案不管怎么说都对，但是怎么说都只是说对一部分，不可能全对，因为《易经》太大了。就像偌大的北京城，不管是乘坐飞机、火车，还是通过高速公路、国道、省道、城乡道路都能进得来，可是进来以后，谁都不能说自己真的就算是了解整个北京了。关于《易经》，为什么总是见仁见

## 第一集　身心之外还有道
——道德是提高人位置的唯一条件

智，各执己见？就是因为每一个人都只是从一个角度去看，都只看到一个方面，每一个人只讲对一部分，很难把它讲得很全。所以研究《易经》，一定要有比较宽广的包容性。

《易经》是怎样完成的？按照一般的说法，叫作"人更三圣，世历三古"（《汉书·艺文志》）。《易经》的完成，经历了三位圣人：第一位是伏羲，第二位是周文王和周公父子，他们一家人算作一个，第三位我们大家更为熟悉，就是孔子。伏羲在上古，周文王在中古，而孔子在近古，或者叫下古。

明明是四个人，为什么说是三个呢？这跟《易经》有很大的关系。因为"三"是奇数，是阳的，而四是偶数，属阴的，所以我们说是三位。我们看唐装，它的纽扣不是五个就是七个，不会是四个或六个，也是这个道理。

实际上，《易经》成书所经历的时间非常长，所经历的圣人也很多，应该说，《易经》是我国古圣先贤集体创作的成果。我们中国人，差不多所有东西都是集体创作的，很少由一个人单独完成。

《易经》广大精微，无所不包。"其大无外，其小无内"（《吕氏春秋》），这两句话大家非常熟悉。大到没有外面，够大的吧！小到没有里面，够小了吧！我们今天很喜欢讲系统，而世界上最大的系统，就是《易经》。因为所有能列举出来的大系统，像太阳系、银河系等等，都不可能大到"其大无外"；所有能列举出

财神文化

的分子、原子、质子、电子等等，都小不过"其小无内"。

那么，这样广大精微的一本书，到底有什么用处呢？说出来，有些人会不相信，有些人会吓一跳，但是如果大家看完这本书，一定会恍然大悟——《易经》是解开宇宙人生密码的宝典。

## 第二集  道德是最高信仰

——*道德就是行道而有所得*

- 中国人的信仰,是全人类最高层次的,叫作道德。
- 我们唯一自救的办法只有四个字:重视道德。
- 每一个人,不管在什么职位、什么行业,不管多大年龄、是男是女,只要凭良心为人民服务,社会就太平了。
- 道是天地万物共同的妈妈,是天地万物共同的生存法则。
- 人的可贵之处就是会犯错,这样才有改善的机会。
- 道德是要做出来的,做出具体的行为才能有所得。

提到"信仰",很多人认为中国人没有信仰。现代社会出现的食品安全、网络欺诈、救人被讹等等问题,也被认为是信仰缺失而造成的道德危机。然而拥有着几千年历史的中华民族,真的没有信仰吗?中国人到底信仰什么?信仰又能否帮我们化解现代社会的种种问题呢?

## 第二集　道德是最高信仰
### ——道德就是行道而有所得

最近很多人都在讲，我们没有信仰。我想大家应该能听出来，这句话的言外之意就是羡慕外国人有宗教信仰。当然，我们并不认同这种说法。要知道，中国人的信仰，是全人类最高层次的，叫作道德。

为什么把道德叫作最高的层次？因为所有的宗教，都是指向道德的那一只手。基督教、天主教、伊斯兰教，包括我们的道家、儒家，不管哪一个，都指向道德。很多人只看到了这只手，却没有看到这只手所指向的道德，这是很糟糕的事情。当然，宗教本身没有罪过，只是宗教里面有一部分人，他们只靠宗教生活，有生活压力，所以就制造了很多的花样，败坏了宗教。这点我们要特别小心。我们很早就说过，释迦牟尼佛讲的那句话，我们每一个人，都要好好去了解一下，他传教传了49年，可是他却说自己没有传教。他不承认佛教是宗教，因为它只有佛，没有神。大家看，释迦牟尼佛是人，观音也是人，大家所认识的佛都是人；道家，太上老君是

## 财神文化

人；儒家，孔子更是人。中国所有的神都是人变来的，而西方没有一个神是人变来的。这是完全不一样的。

因此，大家一定要很清楚，我们已经直接指到了道德，减少了很多弯路，这原本是很好的事情。我们曾经梦想过，当教育很普及，大家知识都很丰富的时候，社会秩序会很好。但从现实情况来看，其实刚好相反。知识分子越多社会越乱，专家越多产品越可怕。我们也曾经梦想过，当大家有钱以后，人类会更加和谐。但是现在却刚好是相反的。因为一个人没有钱，他会乖乖听话；有了钱以后，花样就出来了，而且财大气粗——老子有的是钱，你能奈我如何，那整个社会就乱了。所以，我们现在要很冷静地面对事实，虽然科技发达、生活富有、知识普及、资讯快速，但是人类还是恐惧不安。比如，我们买东西，不知道会不会买到毒品；我们吃东西，不知道会不会吃到地沟油；我们吃药品，不知道是不是假的；我们上网看资讯，不知道是不是骗人的。追究这些问题的根本原因，只有一个，就是现代人太重视物质，完全不重视精神。我们甚至于不敢说精神，只敢说它是非物质。当然目前有所改观，因为我们到了非要重视精神不可的地步了。

其实，我们全身都是物质，皮、肉、毛、血、筋、骨，都是物质。人体是物质，桌子也是物质，但是区别在于你敲桌子的时候，桌子不会喊痛，而你敲人的时候，人会喊痛。为什么会痛？物质没

## 第二集　道德是最高信仰
——道德就是行道而有所得

有感觉怎么会痛？大家可以随时做试验，第一次打你，你可以为了面子忍住，说不痛；第二次、第三次再打，你可能就忍不住喊痛了。这是事实。人有物质方面的需求，也一定有精神方面的素养。可是我们现在的人，正好很不幸地应了庄子说的一句话：哀莫大于心死。现在的人大部分是心死了。没有办法，这是潮流。80后、90后，都认为自己的那一套才是潮流，认为年老的人都是古董，应该摆在家里，不应该对他们随便指指点点。实际上，我们老祖宗的智慧才是非常高明的，他们在几千年前，就知道我们现在所有的一切。**人只有两种，一种懂得中华文化，一种不了解中华文化，这跟年岁没有什么关系**。闻道是没有年龄先后之分的，有的孩子讲出来的话，确实很有智慧。

最近，我碰到一位父亲，他非常开心。我就问他："什么事情让你这么开心？"他说："我刚接到我儿子的电话，他说要带女朋友回来给我看看，所以我很开心。"我说："是不是他有女朋友，你就开心？"他说："不是，女朋友有什么了不起？是他告诉我，他跟这个女朋友刚认识不久，两个人好像蛮谈得来的，所以他很紧张，想着赶快带回来让我看看，看我满不满意。如果满意，他们就继续交往；如果不满意，就赶快分手，免得将来夜长梦多。"我说："不但你开心，我也很高兴。"这才是中华文化。现在很多年轻人不是这样，甚至事后通知父母——爸妈，我已经结婚了，实在

财神文化

很糟糕。还有人认为父母观念落后，父母之命、媒妁之言，都是老古董，认为老一辈不了解年轻人，还美其名曰"代沟"。我们中国人没有所谓的代沟，那都是西方人搞出来的。西方文化重视分，分到最后支离破碎，所以他们老喊要科技整合，就表示他们已经无法整合了。中国人就一门道，里面什么都有，包罗万象。

由于中国近代发展落后，许多人就把落后的原因，归罪于中国的传统文化，认为中国要发展，就必须学习西方，发展科学。所以"科学"一词，是从西方发达国家传到中国来的，但是究竟什么是科学？中国人对于科学的理解，是不是完全正确呢？

科学，是我们翻译错了，可是这个翻译的错误，不知道要贻害多少代子孙。"science"，绝对不能翻译成科学，但是我们就是把它翻译成科学了。西方有"natural science"，我们把它翻译成自然科学，这没有问题。但是"social science"，我们把它翻译成社会科学，这就不对了。社会怎么是科学？如果社会是科学，那人就是机器人了。我请问大家，艺术是科学吗？踢足球是科学吗？画画是科学吗？书法是科学吗？我们可以举出很多很多，这些跟科学一点儿关系都没有。可是我们现在都在宣扬科学万能，一切都是科学，不是科学就是迷信。坦白地讲，科学已经变成了现代最可怕的宗教，

## 第二集　道德是最高信仰
### ——道德就是行道而有所得

这是人类应该好好反省的地方。

**"science"的原意是学科，不是科学。** 就这么颠倒一下，意义大不相同。如果叫学科，自然学科没错，社会学科没错，艺术学科没错，人文学科没错，什么学科都可以。可见，是翻译带来很大的错误。我们现在满脑子都是创新，也是翻译不当造成的错误。

还有一个词，叫战略。外国人最近老爱讲战略，糟糕的是我们也在跟着讲，其实我们的战略就是策略。策略就是策略，你讲成战略干什么？有人说西方人不懂战略，他们只知道strategy（策略），我们讲讲没关系。但是，不要忘记，澳大利亚有一个陆克文，他虽是外国人，可是精通汉语。中国人一天到晚讲战略，他就会跟西方人讲，中国人是讲战略的。我们现在之所以有太多麻烦，就是因为有一段时间，我们经常讲崛起。你讲崛起，所有人都要打压你——我凭什么要让你崛起。当然，我们现在已经改口了，叫作伟大的复兴，表示我们的老祖宗比我们还强，外国人觉得这还差不多。所以，名正言才会顺，名不正言就不顺。

科学，害了很多人，尤其是年轻人。比如，你为什么不相信财神？因为它不科学。那你怎么证明它不是科学？你有这个能力吗？为了捍卫这个科学，害了很多人一辈子。我们现在真的要自救，我之所以用"自救"，就是说一切要靠自己，求天天不应，求地地不灵，人一定要自己救自己，这是《易经》讲得最清楚的一句话。这

## 财神文化

句话就是"自天佑之，吉无不利"，但是大多数人又解释错了，把"自天佑之"，解释成来自上天的保佑。上天不会保佑任何人，如果上天保佑你，他就不高兴了；保佑他，你也不高兴了。你喜欢下雨，他喜欢晴天，如果出太阳，他高兴你就不高兴，那怎么保佑？所以老子为什么说"天地不仁"，就是天没有仁或不仁，它是自然现象，没有仁义的观念。只有人，才有价值判断。像这些很基本的东西，我们真的要搞清楚。我们处处追求高科技，高科技本来是帮助人的，现在却在害人，甚至搞得人心惶惶，什么都怕，这样的高科技有什么用呢？而且人类终将死于科技，大家要好好反思。

**人类为了生活得更好、更方便，开始发展高科技。但是，任何事物都有其两面性，有人为了谋取商业利益，竟然利用科技手段，制造出瘦肉精、三聚氰胺等毒食品，危害人们的生命安全。科技从帮助人类，开始走向危害人类，这是为什么？我们又应该怎么办呢？**

**我们唯一自救的办法只有四个字：重视道德**。所以，我们今天讲一句话，只要我们每一个人记住这句话，整个社会就会改变，犯罪率马上降低一半，就是这么神。其实这句话，自古以来都在讲，但是我们用最现代的方式来说，就是**每一个人，不管在什么职位、什么行业，不管多大年龄、是男是女，只要凭良心为人民服务，社**

## 第二集 道德是最高信仰
### ——道德就是行道而有所得

**会就太平了**。非常简单，这才叫作大道至简，可是现在我们就是不相信，觉得哪有那么简单？所以人类真的很奇怪，非要搞得很复杂，然后又嫌这么复杂，自讨苦吃而已。

良心每个人都有，不需要向外求。我们每个人体内，都有一座良心广播电台。只是你天天听那些乱七八糟的东西，就是不听它。我们宁可去学那些对人类有害、对自己没有帮助的东西，也不愿意去重视真正的宝贝。有人说那是农业社会的东西，是老传统，不够现代化，其实不见得是这样。我希望大家不要自己骗自己。

我们不但要加强物质文明建设，还要弘扬精神文明，这也是陈白沙在明朝就警告过我们的。科技可以帮助我们过比较好的日子，使我们的身体更健康；而我们的文化，可以使我们有更好的精神修养。千万记住，要用道德做共同的基础，我们才能远离禽兽，越来越像个人，那就是孟子所讲的"我善养吾浩然之气"，也是中医所讲的扶正祛邪。人体有阴阳，有正气就有邪气，如果只任它自然去摆布的话，就会时正时邪，这是自己跟自己过不去。所以，我们要特别注意"起心动念"这四个字，一有邪念就把它控制下来，一有善念就让它发扬出来。我们一切靠自己，这绝对不是求神拜佛、求天拜地就可以的，可见中国人一点儿不迷信。

坦白讲，神佛是没有手脚的，他们就算有理想，也必须要通过人才能完成。大家想想看，如果神佛有主张可以完成的话，那人不

## 财神文化

被他们吓坏了？假如你到庙里去，释迦牟尼佛突然下来了，告诉你该怎么办，你还不被吓傻了？所以，按道理来说，只有神佛要求人，而不是人去求神佛。其实，神佛是我们人自己造出来的，但是人造出来以后，很难消除他。这样各位才知道，为什么孔子告诉我们不要始作俑者，老子告诉我们不敢为天下先。本来没有杯子的，我们想出杯子来，做出杯子来，杯子就存在了；本来没有电灯，我们想出电灯，做出电灯，它就存在了；本来没有金字塔，我们想出金字塔，建起金字塔，再想毁掉它，很难。今天我们都在鼓励大家要创新，甚至随便创造，将来真的后患无穷。

　　大家必须要记住，中国人不反对任何事情，但是同时也不赞成任何事情，我们叫作持经达变。**根本的原则要抓住，之后才可以变。**如果根本乱了，再变那是非常可怕的。现在整个社会都在乱变，在互联网还没有像今天这样普及之前，诈骗集团也没有今天这样多。老实讲，要想靠嘴巴骗钱很难，现在几通电话打出去，几百万就骗进来了，真是省事。而且被骗的人很多是大学教授，可见读书不见得有常识。今天受教育的人是有知识，但很多都没有智慧，反而是那些没有读过太多书的人，不太容易上当，因为他们什么都不相信，就不会上当。凡是那些说要相信、要判断的人，最后通通上当。得到好处是自己能干，一旦上当就怪政府、怪社会，这有什么用呢？

## 第二集　道德是最高信仰
### ——道德就是行道而有所得

科技是造福人类还是危害人类，完全取决于掌握和使用科技的人，是否有"道德"。所以说重视道德，是人类自救的唯一方法。但是，我们应该如何正确理解"道德"二字，"道"和"德"又有什么相同和不同之处呢？

道是什么？道是天地万物共同的妈妈，是天地万物共同的生存法则。西方人一直在追求本体论，他们认为万物能够共存，一定有一个共同的基础，但是却没有找到这个基础。所以他们两千年来始终变来变去，到现在都没有定论。有一点大家要明确，道不是从老子开始的，它在轩辕黄帝的时候就已经有了。广成子就告诉黄帝，说我们要完全按照道去走。我们每一个人，良心一出现的时候，就知道什么叫作道了。因此，如果你说我不认识道，我不知道道在哪儿，那就是昧着良心说话。

德是什么？一个人只要按照良心去走，就有所得，这个得就叫德。换句话说，行道有所得就叫道德。中国人最了不起的，就是得道高人。做到皇帝还被人家骂的，就叫无德，即没有德。作为一个中国人，只要被人家骂缺德，那就非常没有面子。

我们人有一个很可怕的天性，叫作偏道倾向。比如小孩儿，让他自己穿鞋子，大部分都是左脚右脚穿错了。这里有50%的概率，或者穿对，或者穿错，可是大部分都会穿错。可见，人的想法多半

财神文化

是偏的。大家想想看，如果人一生下来就走正轨，那就不需要教育，也不需要学习了。而且这样的话，人就跟植物人一样。我们说**人的可贵之处就是会犯错，这样才有改善的机会**。所以，根本不用怕错。现在我们的教育有点儿偏差，认为错就是丢脸。错有什么好丢脸的？孔子就鼓励我们"不二过"，他没有叫我们不要有过错。人经常犯错，因为不犯错不会进步。

因此，作为父母，要安排一个安全的环境，让孩子去犯错，这样他才有改进的机会，否则你不知道他错在哪里。如果孩子犯错了就要打，那是更加错误的做法。实际上，孩子犯错，父母应该开心才是。孩子终于错了，终于发现他错了，帮他改过来就好了。"人非圣贤，孰能无过"，孩子又不是圣人，怎么能够不犯错？老实讲，如果你的孩子，真的一切都规规矩矩的，你反而会害怕。到现在我都没有听到一个家长跟我讲，我家小孩儿很神奇，我们两个小时不在家，回家一看，家里整整齐齐、干干净净——那哪里是人，简直就是妖精！我们现在真的很不现实，总是骗自己，总是生活在虚幻当中，这也是互联网带给我们的后遗症，因为它虚实不分。

中华民族原本是全世界最重视伦理道德的民族，但现在我们已经慢慢把伦理道德丢掉了。**伦理是人与人之间的关系，道德是你自己的表现，所以伦理是群体，道德是个人**。很多人读到五伦以后，觉得五伦没有一个群体，非要加上一个群体关系，这就是他自己不

28

## 第二集　道德是最高信仰
### ——道德就是行道而有所得

了解了。千百年来，很多人说五伦不够，要变成六伦，没有一个成功，因为五是有道理的。我们有五个手指头，五代表可以全面掌握，中国人的这个数字这样安排是非常有学问的。我也奉劝大家，不要随便去改老祖宗的东西，它是经得起时间考验的，凡是改的人，最后都很没有面子。

全世界都有人与人的关系，都有伦理，但是只有我们中华民族有伦常。我们一定小心区别开来。全世界不管哪个国家的人，都有伦理，他们有父子，有上司部属，有朋友，有兄弟……但是我们的神奇之处在那个"常"字，叫五常，西方人是没有五常的。现在糟糕的是，我们也开始慢慢打破五常了。如果爸爸可以接受儿子叫他的名字，那就愧对祖先。有人说西方人可以，我们为什么不可以？因为西方人是上帝的子女，你当爸爸只是暂时的，一会儿就恢复兄弟的概念了。现在我们也有很多爸爸表示自己很时髦：你看我跟我儿子处得多好，像朋友一样。我说你的儿子是天底下最可怜的人，他只有一个年纪大的朋友，没有爸爸。连这么简单的事情，都想不通。

现在很多人讲的话，都是经不起考验的，因为他根本就不懂。可是很遗憾的是，越不懂的人讲话声音越大。实际上，越懂的人越谦虚，越不敢说，他们会认为也许这事还有不同的说法，要尊重，因而表面上常常吃亏。**伦理是以人为主的，道德是以行为为主的。**

**财神文化**

道德是要做出来的，做出具体的行为才能有所得，光靠嘴巴讲完全没有用。所以为什么"知者不言，言者不知"，这是有道理的。

### 拓展阅读

#### 五伦与五常

中华民族自古以来就有五种人伦关系，即君臣、父子、兄弟、夫妇、朋友。但这个全世界都有，我们的独特之处是有"五常"，即仁、义、礼、智、信，用以调整、规范君臣、父子、兄弟、夫妇、朋友等人伦关系的行为准则。《孟子·滕文公上》有言："使契为司徒，教以人伦：父子有亲，君臣有义，夫妇有别，长幼有序，朋友有信。"父子之间有骨肉之亲，君臣之间有礼义之道，夫妻之间挚爱而又内外有别，老少之间有尊卑之序，朋友之间有诚信之德，这是处理人与人之间关系的道理和行为准则，也就是五伦配以五常，这成为我们中华民族所特有的伦常关系。两千多年来，这一直是我们处理人与人之间关系的伦理道德规范，内化于每一个人心中，世代相传。

**君臣有义——君臣之间有礼义之道**

"君臣"，放在当下来说，就是上下级关系。"义"指的是合

## 第二集　道德是最高信仰
### ——道德就是行道而有所得

理。身为上级，合理地对待你的下属，他就会合理地对待你；如果你不把他当人看，他迟早会背叛你。而且，他背叛你也是理所当然的，你不要怪他。我们没有片面地要求，说老板要照顾你的下属，你的下属才会对你忠心耿耿，而是说要合理对待。很多事情我们不能够把它绝对化，一旦绝对化就会变得不可靠，大家就不服气了：为什么只要求我，不要求他？我们中国人是交互主义，你对我好，我没有理由对你不好；你对我不好，我干吗要对你好。

### 父子有亲——父子之间有骨肉之亲

如果有两个老人都需要照顾，一个是你的爸爸，一个是你爸爸的朋友，你会先照顾哪一个？如果你能够同时照顾两个老人，你当然会同时照顾他们。可是你的精力有限，时间有限，怎么办？你一定会先照顾你的父亲。这就是亲情。父子间彼此都有亲情，父亲对儿子要仁爱、要照顾，儿子才会对你孝敬。你天天拿儿子当出气筒，天天当众给他难堪，天天想尽办法羞辱他，他就算孝敬你，也是一时的，也是表面的，他迟早会离家出走，迟早会在无法忍受的情况下，不认你这个父亲。这才是事实。

### 夫妇有别——夫妻之间有内外之别

这个"别"字特别重要。《易经》中说：乾道成男，坤道成女。男人和女人天生就有不一样的地方。西方人一直说男女要平等，我们也盲目地跟着说男女平等。大家冷静地想一想：世界上什

## 财神文化

么地方需要追求平等？答案很简单，就是不平等的地方。在中国，如果了解真实的状况，你会知道，我们向来是女权高于男权。虽然我们表面上会把男人捧得比较高，但这只是中国人的一套做法而已。给男性一个家长当，却没有薪水领，而真正的实权都在女主人手上。这才是聪明的。

**长幼有序——长幼之间有尊卑之序**

为什么？因为哥哥的力气永远比弟弟大，你要跟他争，他打你一下你就受不了。我们中国人处处都提倡保护弱者，但是我们会讲出一套让强者很有面子的话。各位朝这个方向去想我们的伦常，就可以体会得很深、很精，而不是像现在这样，只知道字面上的意思。

**朋友有信——朋友之间有诚信之德**

一个人若没有信用，是无法立足在社会上的。但是，讲信用也不是绝对的，对任何人都有信用，那也是不可以的。孔子告诉我们：你要先对人家有信用，但当你发现人家对你没有信用的时候，你就要小心了，就要疏远那个人，不能再上当。这样我们才知道，为什么中国人对于吃亏上当的人，一点儿也不同情。不像外国人，他们很同情被欺负的人，很同情吃亏上当的人。中国人相反，中国人专门爱笑那种人。

## 第三集　用心学习才有德

### ——先学做人才会做事

- 会做人的人，才能做大事；不会做人的人，一辈子只能做小事。
- 做人，一辈子只要四个字就够了，叫作尊道贵德。
- 人要自得其乐，前面一定有四个字——自讨苦吃。
- 一个人这辈子想干什么，不是老天决定，不是父母决定，也不是外界环境决定，而是自己决定。
- 中庸之道就是合理主义。该你说了算，我要尊重你；该我说了算，你要尊重我。因此，我们的主义，叫作彼此彼此。

现在，人人都想成为成功人士，于是关于成功学的书大行其道。但是大家想过没有，成功的标准是什么？有人说，成功的标准就是挣很多钱；也有人说，成功的标准就是当大官，因为当官必有钱。说到底，还是离不开一个"钱"字。但是钱是你几辈子累积的福分，也就是说，你有多少德，就有多少钱。那么这个"德"，是从何而来的呢？

## 第三集　用心学习才有德
### ——先学做人才会做事

　　可以说，我们都不是完人。什么叫作完人？就是把人做完了，可以回去了。所以，我们不是完人，还要继续学习。自古以来我们常说一句话，"活到老，学到老"。其实老祖宗所讲的话，都有它的连贯性，只是我们常常断章取义，没有好好地一以贯之，今后要特别小心。

　　前面已经讲过，全世界的人，都有五伦。只不过我们除了五伦之外，还有五常，这是他们没有的。但是大家要注意一点，五伦不是从父子开始，而是从夫妇开始，因为没有夫妇就没有父子。夫妇代表男跟女，男女也没有平等或不平等的问题。实际上，大自然本就没有什么平等。玫瑰花跟牡丹花平等吗？狗跟猫平等吗？大家一想就清楚了。所谓平等或不平等，那是人造出来的，实际上是不可能平等的。当然，个别差异是有的。什么叫个别差异？就是我们这一辈子，是要来弥补自身不足的地方的，而每个人的不足之处都是不一样的。夫妇是有别的，但没有平等不平等的问题。"君臣有

## 财神文化

义",主管跟部属之间是讲合理的,你对我好,我没有理由不对你好;你对我不好,我干吗一定要对你好。我们没有片面的要求,都是后来解释错了,才觉得很不公平。"朋友有信",朋友之间,如果连信用都没有,这样的朋友我们就很害怕。

我们应该知道,**伦理道德都是在讲做人做事的道理**。作为人,不是做人就是做事,但这两个是不可分的。很多人说做事比较要紧,其实这种话是不成立的。**一定要先学做人,你才会做事**。如果人做不好,就算你有天大的本事,最后都是吃亏倒霉的。先后次序要搞清楚。先把人做好了,事情自然做得好,因为就算自己不会干,所有的人都会帮忙。只会做事不会做人的人,最后都会变成专业人才。什么叫专业人才?我们举个例子来说。你在公司里面很有才干,但是老板知道你跟同事处不好,最后只敢给你派一个很小的工作,不敢派大的工作。因为只要派大的工作,你就必须要跟人互动,但是你只会专业,并不擅于跟人互动,这就很难把事情做好。所以很多人十分抱屈,觉得自己很能干,但是老板每次给些小事情。老板也不好意思跟你明说。其实,就是因为你不会做人,只会做事。大家如果觉得你的老板每次都派给你一个人可以完成或是一两个人就能完成的小事,你就知道他在警告你太不会做人了。**会做人的人,才能做大事;不会做人的人,一辈子只能做小事**。最后只好说专业,专业就是很小的事情,才叫专业。

## 第三集　用心学习才有德
### ——先学做人才会做事

在当下这个成功学泛滥的时代，人们把有能力、会做事看得很重要。但是古人云，先做人，后做事，只有做好"人"，才能做好"事"。古人为什么把做人看得比做事更重要呢？

**人之所以为人，做人是基本条件，所以道德是最高的要求。**孔子讲为政以德，这个政，以前指的是政治，现在不叫政治了。大家有没有发现，以前只是政府的人为人民服务，现在各行各业到最后都是为人民服务，没有哪一个行业例外。任何一个行业，最后的竞争力就是服务。所以，不是像很多人所讲的，我是制造业，他是服务业。所有的行业到最后都叫服务业，大家不要搞错了，不要上西方人的当。西方人说你收入到多少，你这个制造业就要移出去，所以最后他们没有制造业了。但是，不管怎么样，我们都要维持制造业。虽然制造业很辛苦，可那才是我们经济的根本，不可以完全移出去，否则就糟糕了。想想看，如果我们的年轻人一天到晚给人家开车，一天到晚跟人家说谢谢光临，那我们吃什么？这是非常简单的道理。

老子说：**做人，一辈子只要四个字就够了，叫作尊道贵德。**《道德经》第五十一章讲："道生之，德畜之，物形之，势成之。是以万物莫不尊道而贵德。"道生成万事万物，德养育万事万物。所以，**万事万物莫不尊崇道而珍贵德**。我们做任何事情，都要想

到凭良心，然后看重自己所得到的东西。这个所得到的东西，并不是说可以得多少钱，可以得多少名，而是你内心很充实，是按照道德在做，是问心无愧的。人只求问心无愧，其他的其实都不是很重要。这样大家才知道，老子为什么说，别人宠你没有什么，侮辱你也没有什么，问题在你自己的心安不安。你心安，他怎么骂你是他的事；如果他捧你，你反而要提高警觉。我们现在一直鼓励大家说好话，其实也是不对的。说好话多半是用来害人的，给你几个高帽子戴，就让你为他拼命，这种人都是不怀好意的。我们很多话真的禁不起时间的考验，要特别小心。

请问各位，为什么道德那么重要，它又不值几个钱？现在很多人说道德不值钱，你就是把道德卖给人家，也没有人要买。大家要明确一点，**人，生不带来死不带走的，是所有看得见的东西，但是你的道德一定会带走**。这个能带走的东西我们不去重视，却去重视那些看得见的、带不走的东西，岂不是跟自己开玩笑？岂不是自己骗自己？

我们中国人都很重视临终的状况，为什么？因为我们要看这个人是好死，还是不得好死。这样你才知道，为什么一个人在装到棺材里面之前，我们要去看一看，这有好几个目的。第一，是看他是不是被谋杀的。比如妈妈要出殡的时候，妈妈的娘家人一定会到场。如果妈妈家的人不来，你就钉下去，他们就怀疑是不是你们把

## 第三集　用心学习才有德
### ——先学做人才会做事

她谋杀了，要不然这么快干什么？很多人不了解，认为中国人都在搞形式。其实我们做任何事情都有它的用意和作用。第二，是让所有人看看，她的表情怎么样，是不是很安详地走了。如果安详地走了，我们就知道她真是好人，值得我们怀念；如果她的脸是奇形怪状的，眼睛睁得大大的，那就叫死不瞑目，这就很麻烦。然后每个人都会检讨，是谁惹得她这样死。所以，不要随随便便去看中国人的事情，它都是有深刻用意的，只是现在的人太马虎、太浅薄，这是我们要提醒自己的。

**如果说人生是一种因果轮回，那么我们这辈子的命运，就将取决于前世的所作所为。既然如此，是不是我们这辈子的事情，就只能听天由命了呢？**

老实讲，**一个人这辈子想干什么，不是老天决定，不是父母决定，也不是外界环境决定，而是你自己决定**。我必须要说明，人类的尊严在自主性，中国人是全世界自主性最强的，所以我们不信神。我为什么要信神？我不承认我有原罪，我不知道大家有没有承认。为什么西方人那么虔诚地信教，而中国人很少虔诚地信教？很多热衷于宗教的人，都会出入各种教。进入这个教看看不对，回来了；再进入那个教看看不对，又出来了。进出各种宗教，对它们了

## 财神文化

如指掌，才满足。这根本就是不虔诚的。我们对宗教的要求跟西方人对宗教的要求是不一样的，这一点我们后面会继续讲清楚。

我们知道，道是尊重万物的，它不主宰任何东西。有句话我们要记住，道生万物，道永远不离开万物，但是道绝对不主宰万物。道不主宰我们，它让我们自主。老实讲，一个人如果不能够自主的话，还有什么尊严和价值呢？这样我们才知道，中国人不太听话，都是自作主张。中国人最喜欢的就是擅自作主。中国人一生一世所争取的那个东西，讲起来都很好笑，但是我们几乎不约而同都在朝这个方向奋斗，就是四个字而已：我说了算。为什么你跟老板总是对着干，就是"我说了算"，而老板也是"我说了算"，就是这么回事。夫妻之间关系不好也是我说了算，你要听我的。所以，我们才要发展中庸之道。中庸之道不是我们所讲的不偏不倚。如果用现在的话来讲，中庸之道就是合理主义。该你说了算，我要尊重你；该我说了算，你要尊重我。因此，我们的主义，叫作彼此彼此。全世界只有我们中国人讲彼此彼此，西方人是固定的，我们永远不会固定，都是看着办。

比如，我们常说，"将在外，军令有所不受"，但是你那时候不受，回来就倒霉了。因为那时候你最大，回来还是皇帝最大。皇帝要接受就接受，皇帝不接受就给你好看，道理就是这么简单。我们没有一定的模式，随时在变化，所以做中国人最难。因为最难，

## 第三集　用心学习才有德
### ——先学做人才会做事

收获也最多。现在，很多年轻人喜欢过那种刻板的生活，这样一辈子都学不到什么东西。像我们，从小到大，各式各样的生活都试过，很多事情一看就知道，因为都经历过。看一个人进来，你就知道他要干什么了，这不是神，而是你经验足够丰富的时候，自然就知道了。

道最了不起的是不主宰万物，这点西方人很难了解。在西方人眼中，上帝是主宰一切的，信我者跟不信我者，完全不一样。道不是这样，你要做好人，它高高兴兴看你做好人；你要做坏人，它也不会反对。因为结果是你自己要负责的。为什么道不会毁灭？因为它从来不生任何东西，从来不生任何人。道让万物自己去生，它才不会累。让狗生狗，让猫生猫，让人生人，你们爱生就生，不生拉倒，它就可以长长久久。天地会长久，而人的寿命非常短暂，就是因为天地跟人，是不一样的。天地不自己生，而人要自己生，所以人一辈子都在自作自受。

*说是自作自受，但是为什么我们会看到，有人做好事却被诬陷，有人做了坏事却不见报应，君子为什么常常斗不过小人呢？*

有一句话，很值得我们探讨，就是"*君子乐得当君子，小人冤枉做小人。*"我们先说小人为什么冤枉做小人，因为当你把一个小

## 财神文化

人抓来的时候,他第一句话一定会说"冤枉",没有一个小人被抓到会说"我罪有应得"。任何人到法庭上,一定先说我没有罪。大家想想,是不是这样?其实他讲的是实话,小人就是不懂得道理,才会做小人,如果懂得道理,还会做小人吗?所以他们会说,你怪我干什么,我是不知道,如果我知道绝对不会这样。我们说中国人难管,就是因为有这一招。你告诉他,他说我没听到,你说你明明手机上记着,他说前天你说完以后,我出去一看情况不对,又不敢这样做了。他永远有理由,永远觉得自己很冤枉。一个人如果总觉得自己冤枉,就一辈子当小人。

吃亏的才叫君子,如果你不吃亏,怎么证明自己是君子呢?既然你乐得自己当君子,那么吃亏就不要怨天尤人。比如丢了500元,丢了就丢了,最起码证明我是君子。如果500元钱就可以证明我是君子,那也很难得。这不叫阿Q,而是自得其乐。**人要自得其乐,前面一定有四个字——自讨苦吃**。没有自讨苦吃,哪来的乐呢?中国人很会安排自己的生活,自讨苦吃,但是自得其乐。这一句话,听起来好像很通俗,实际上跟孔子讲的"尽人事,听天命"是一致的。"尽人事,听天命",我们大部分人都解释错了,尤其是"尽人事"。很多人把"尽人事"解释成,想尽办法,要钻法律漏洞,要找人情关系,这样行不通就那样……如果这叫"尽人事",那天下就大乱了。

## 第三集 用心学习才有德
### ——先学做人才会做事

孔子说的"尽人事"是说，任何事情要先反求诸己，看看自己有没有凭良心，看看自己哪里做得不对，然后结果怎么样。"听天命"是说，人家说我好，我也不会高兴；人家说我不好，我也不会生气，因为我不是要讨好人家，不是为得到什么名利才这样做，我完全没有那种想法。聪明人知道，名利都是转眼成空的，它只是帮助我们生存的。但如果一辈子都在求生存，那这个人还不如不做算了，因为太痛苦了。为什么人明明可以活到120岁，但到60岁就要退休？因为追求名利是为了求生存，求生存到差不多60岁，就该告一段落了，不要再那么辛苦了。但是现在，很多人一离休就觉得自己应该彻底休息了，找个地方准备安度晚年，结果就生病了。

台湾有一个非常有名的人，我不便说出他的名字。他一直很忙，但身体很好。后来他找到一个地方，说这个地方可以休闲，可以安静地待着，结果没过两年就死了。因为他觉得没有动的价值了，就是活着也没有用了。既然活着没用，干脆走了算了。大家可以自己去看，凡是退而不休的人，都活得比较久；凡是退休了说没事干的，没事就该回去了，要不然还留在这里干什么？很多事情，把它想通就清楚了。只是60岁退休之后，不再是为了求生存而已。如果人一辈子都在求生存，那真是倒霉透顶。

我是学工科的。我在学生时代当然要操纵车床，可是如果到了七八十岁还在搞车床，那我就觉得这一辈子是在做车床的奴隶。我

**财神文化**

大学毕业的时候，我的老师对我很好，他说："我给你介绍一个工作吧。"我说："好。"他说："你到印钞票的货币印制厂工作吧。"我说："不要，因为没有尊严。"另外一个老师说："这样好了，我送你到美国去，但是有个条件，你先到某个地方去教一年书。"我说："不要，因为我是长子，我一定要回家乡，弟弟妹妹还需要我帮忙，他们的事情更重要。"人要靠自己去做抉择。孔子说"五十而知天命"，意思是说一个人到50岁回头再看，就知道自己选对了没有。如果当时选择去货币印制厂的话，我就走上了一条很呆板的路——早上上班，印钞票，还不能动，否则所有人都怀疑，晚上下班，全身被检查，然后第二天再这样。如果当时选择去美国的话，我大概也回不来了。正是因为在国内看到很多以后，再到美国，才知道那个地方不能待，还是回来好。很多事情是阴差阳错的，差一点儿就不是今天这样子了。

**人的一生，就是一个做抉择的过程，每个抉择都有可能改变自己的人生。当不知道该如何抉择，或者不知道自己的抉择对不对的时候，有的人就会求神拜佛，希望获得指引。那么，神佛真的能帮助人们吗？中国人拜神佛，又究竟有着怎样的深意呢？**

"君子有德，小人败德"，差别就一点点而已。去拜神也是一

## 第三集　用心学习才有德
### ——先学做人才会做事

样,神跟魔是合体的,你用不正的念头去拜他,他就用魔来对待你;你凭良心去对待他,他就用神的方式来回应你。一切都是你自作自受,怪不得他。这样大家就知道,为什么神佛始终没有表情。他不能有表情,有表情,你就知道是魔来了还是神来了。现在很多庙宇里面的神佛,都已经被人气坏了,气到跑掉了,但还有人拜,所以魔就来了,因为他乐得接受你们的膜拜。

提醒大家一点,凡是有求必应的,都不是正神,而是魔。魔才可以不顾一切,你要求这个给你,要求那个给你,他完全不受天理的约束。为什么正教永远搞不过邪教?为什么道高一尺魔高一丈?因为正教要守一些章法,而邪教根本不必守,否则就不叫邪教了。我们人类很奇怪,竟然会要求神佛有求必应。但是如果到庙里头去问住持,为什么要挂个有求必应的牌子,他会说没有办法,这是市场需求,我们只好市场导向。可见这也是不对的。什么叫市场导向?我讲得极端一点儿,毒品有市场,而且市场很大,那你去搞吧。邪跟魔都有很大的市场,反而正神是受冷落的,因为正神要讲道理,而人最怕讲道理了。想想看,很多人去庙里求都是说,你不要让我困在这里面,你要让我可以钻漏洞,可以得横财,这样我才来求你,不然我求你干什么?可见,很多人起心动念就是错的,那求神拜佛有什么用?

接下来,我们就要很清楚地告诉各位,鬼神是用来帮助我们提

**财神文化**

升道德的，不是用来败坏道德的，这样鬼神才有作用，要不然我们拜他们干什么？

## 拓展阅读

### 人字好写人难做

"人"这个字很好写，一撇一捺就写好了。我相信没有人不会写"人"字，因为太容易了，但是写完这个字以后，你要问问自己：什么是人，人是什么。你就会发现，人字好写，但是不好懂，岂止不好懂，根本就很难懂。

请问大家：什么是人？迄今为止，不管是哲学家、科学家，还是哪个有学问的人，都不敢替"人"下定义。因为他提出来任何定义，大家都不能全然接受，这很奇怪。我们来举个例子。有人说人是政治动物，你说很对，书上写了那么多人热衷于搞政治，但是也有人摇头，他说我对政治一点儿兴趣都没有，怎么算是政治动物呢？他一辈子不搞政治，也是人。可见，这一句话不是普遍为大家所认同的。有人说人是没有羽毛的两足动物，你说很对，可是有一次大家在讨论的时候，厨师正好把一只鸡从滚烫的水里拿出来，没有羽毛，也是两只脚，但它是人吗？可见，没有羽毛的两足动物不

## 第三集　用心学习才有德
　　——先学做人才会做事

能够代表人。有人说人是有权胡说八道的动物，也对，差不多所有人都在胡说八道，可是也有人就从来不胡说八道，那你怎么说人是胡说八道的动物呢？还有各种各样的说法，可见，"人"这个定义大家很难去解说。到现在为止也没有一个很完善的定义，能为大众所接受。这样一来。大家就知道，人字的确很好写，但是人字真的很难懂。

　　人字很好写，人字不好懂这还没有关系，人字还不好悟。每个人都说要觉悟，但就是觉悟不了。悟字也很好写，一个心一个吾，就表示我的心里清楚了。所以悟其实是脑筋清楚、观念清楚，如此而已。现在的人就是脑筋不清楚，脑筋不清楚磁场就乱了。磁场乱了，那你什么事都看不清楚，到哪里去悟呢？古往今来，有几个人悟了？释迦牟尼悟了，可是两千多年就只有一个释迦牟尼。

　　人字很好写，人字不好懂，人字很难悟，下面还有更妙的，就是做人很难做。为什么难做？因为人很复杂。世界上最复杂的就是人。所以我们常常说很烦很烦，其实有什么好烦的，做人本来就是烦的；你说好苦恼好苦恼，做人本来就是苦恼的。你想要单纯不苦恼，这跟做人刚好是相反相抵触的。你要有一套方法才可以达到目的，不是说你想要就能要的。一般人认为心想事成就是我怎么想，就能达到，没有那回事。心想事成要有一套本事，而且说起来很好笑，往往坏事情很容易心想事成，好事情很难心想事成。这是什么

## 财神文化

道理？因为你想做好事，虽然神会帮助你，但是魔会阻挠你。你想做坏事，虽然神不赞成，但是魔很热心。我们常说，道高一尺，魔高一丈。魔要帮助你，你就惨了。你想做坏事一下子就做成了，想做好事很难，这才叫好事多磨。很多事情真的要从头好好去了解一下，现在我们都是忙于赚钱，没有时间去想，搞得糊里糊涂的，钱赚到了也不知道怎么用，那才可怜。我们是要来用钱的，不是来赚钱的，你必须要把这些搞得清清楚楚，财神才会放心地把钱拿给你，让你好好去用。

人字很好写，人字不好懂，人字很难悟，做人很难做，那怎么办呢？难做也得做。正是因为人很难做，你才知道学习和成长的可贵。如果人好做的话，大家根本不用操心，不用费心，不必用心，就可以做得很好。而现实是你不学习就不可能成长，就没有长进。如果上天把人设计得一生下来就很愉快，一路走来都很愉快，最后死得也很愉快的话，那人类只会越来越退化，到最后比动物还不如。人之所以会超越所有动物越来越进化，就是因为人难做，不断地被磨练，磨到最后，脑筋越来越清楚，越来越灵光，越来越通灵，那么你就可以天人合一，就可以活得很有意义，很有价值，所以不要去抱怨人难做这种事情。其实，人生就是要接受自己的命运磨折的。命是来磨你的，病是来磨你的，因为人活着就会生病，这个病跟命是一样的。从这个角度去想，你就会放弃抱怨，就不会觉

第三集　用心学习才有德
　　——先学做人才会做事

得自己很委屈，不会老羡慕别人，不会跟别人比来比去，总觉得自己最吃亏，然后你的心情就很愉快。心情愉快之后，你就知道自己该怎么走，就不会浪费时间，这对你来讲是最有利的。

## 第四集　借鬼神提升道德

### ——起心动念要及时端正

·鬼神的真正作用，是帮助人提升自己的品德修养。

·人一凭良心，就接近神，那这时候叫正能量；不凭良心，就接近鬼，负能量就出来了。

·起心动念要及时端正，这就叫修，而不是说事情做完了再来修正。

·"敬鬼神而远之"，真正的意思是要敬神，但要远鬼。敬是理性的，是经过选择的。

中国古代有祭天地、拜鬼神、供奉祖先的传统。现代社会，这些传统被认为是迷信，慢慢被抛弃了。其实，这一切都与中华文化有着紧密的联系。那么，中国人为什么要祭拜天地？为什么会敬畏鬼神？又为什么要重视祭祀祖先？中国人对天地、鬼神、祖先的认知，蕴含着哪些被我们遗忘的深刻含义呢？

## 第四集　借鬼神提升道德
### ——起心动念要及时端正

鬼神是道所生，但是鬼神是圣人开发出来的。道不会说话，它以天为代表，天只会垂象，也不会说话。天垂象只有圣人看得懂，所以圣人就感悟到老天要他们把鬼神创造出来，来帮助人提升自己的品德修养，这才是鬼神的真正作用。

孩子刚出生的时候，是不知道有鬼神的。你把孩子单独放在一个房间里面，他绝不会说"妈妈，我怕鬼"。但是在孩子的成长过程中，总有那么一天，通常是一个比较年长的人，会来告诉他，"你有没有看到，这个字很难写，这是鬼呀，很可怕"。从此，他就怕鬼了。

鬼跟神是后天学习的，不是先天带来的。所以，很多人说人会有鬼神的观念，是因为恐惧而来，我认为不对。孩子没有恐惧，就算有，也是我们教他的。你说鬼很可怕，他就开始恐惧，开始害怕了。母亲真的特别重要，因为母亲是跟孩子接触最早的，你灌输给他什么，他就得到什么。很多人信佛，但其实对佛一无所知。你问

# 财神文化

他为什么信佛,他会说我妈妈去拜的时候拉着我,妈妈拜了,我就跟着她拜,拜谁我不知道,为什么要拜,妈妈也没有告诉我。我们差不多都是这样,但这不是好的办法。你应该告诉他,我们来干什么,而且不要勉强他。他要不要自己选择,这才是对的。

孔子要我们向天学习,因为学习应该有个目标,否则乱学是很可怕的。很多人去听演讲,认为只要听到一句有用的话就够本了,其实这句话是非常可怕的,但是很多人都认为有道理。用很多可怕的语言,来包装那一句让你相信的话,因为相信这句话,连带其他的也相信了,那你就中毒了,就被他骗了,这不是好现象。我们要指导孩子,什么书该看,什么书不该看;什么朋友该交,什么朋友不该交,这是父母的责任。孩子没有这个判断力,不会选择,后来变成坏小孩儿,也是很冤枉的,父母有不可推卸的责任,因为没有教好他。

中国人讲的天就是大自然,不是神。我们一开口就是"天哪,老天爷呀,你怎么这样子,怎么这么不长眼,像我这么好的人怎么能得这种病,应该隔壁那个得才对……"我们还可以怪天,可见我们跟天很亲近,并没有把它看成是不得了的。**自然法则,把它转化成人伦关系,就叫中华文化。人伦关系不是我们创的,而是圣人观天象,看地理,凭良心,想出来的。**我再说一遍,人类的文明,包括一切一切,都是人想出来的,所以叫心想事成,这里特别强调,

## 第四集 借鬼神提升道德
### ——起心动念要及时端正

大家千万不要乱想。举个例子，日本为什么会核爆？就是因为日本的很多漫画家在画核爆，老天一看你喜欢，给你就是了。天人感应是我们中国人非常了解的事情，大家要小心对待，没事不惹事，有事不怕事。老祖宗已经把所有事情都告诉我们了，只是我们太不用心，才搞得乱七八糟。孔子讲"吾道一以贯之"，他的意思就是用一来把一切连贯起来。一以贯之，把前面两个字调换一下，就是以一贯之，这样大家就容易理解了。

对"天"的崇拜，源于上古时期人们对自然现象的不理解。敬天思想，贯穿了整个中华文化，但是古人除了拜天之外，还会拜鬼神。那么，古人为什么要创造出鬼神的概念？鬼神跟人到底是什么关系？

道，有天，有人，有地，我们把天地人叫作三才，但是当中加了两个，人跟天之间叫作神，人跟地之间叫作鬼。我们可以看一下自己，以腰部做中间线，上面叫神，下面叫鬼，人是神鬼合体的。上面有良心，有头脑，手很勤快，当然是凭良心，可吃饱饭以后，你的注意力就在下面了，全都是鬼主意。所以为什么人要向上，不要向下，就是这个道理。这是任何一个人，自己就可以体会出来的。一个人眼睛往上看，这时候是凭良心，因为当你抬头看到天的时候，知道天在看你，你在看它，要凭良心；可是当你埋头往下看

的时候，看不到天，就以为没有人注意你，那时候鬼主意一大堆。我们再看公司里面，干部的职责就是猜老板的心思。如果猜得很对，那是你真神；如果猜错了，就是净出鬼主意。神鬼其实都在我们身上，你一凭良心，就很神；没良心的时候，那跟鬼是一模一样的。

我们到庙里头看的那一尊神，实际上神鬼都在里面，就看你怎么对待他。人一凭良心，就接近神，那这时候叫正能量；不凭良心，就接近鬼，负能量就出来了。我们为什么说善恶都在一念之间，就是人在起心动念的时候，是最可怕的。所以，我们要慎始，即一开始就要小心谨慎，否则的话，差之毫厘，失之千里。一念差错，后果是无穷的祸患，都是你刚开始起心动念所造成的。起心动念要及时端正，这就叫修，而不是说事情做完了再来修正。

西方人比较重视看得见的行为，我们比较重视看不见的动机。动机发生在行为没有形成以前，那个时候把不好的念头改过来，就不会造成具体的事实。一旦动机变成行为，就已经是具体的事实，那会引起很多人的回应，而这种回应多半是不好的，还不如自己及时端正过来，比较保险，比较安全。

原来，中华文化中的神鬼概念，就是要提醒人们，人活着，神鬼一体。所以，做事要凭良心，少打鬼主意。但是，在许多中国人的概念里，鬼神都是人死之后的事。那么，相信人死之后会变鬼成

## 第四集　借鬼神提升道德
### ——起心动念要及时端正

**神，是不是迷信？人的生命结束之后，真的就什么都不存在了吗？**

中国人很有趣，人去世了，不叫死亡，而叫往生。我们不能随便说一个人走了，而要说往生了，回去了。现在的人讲话很不小心，这点是需要改正的。我们只能说他搬家了，只能说他出差了，或者外出旅行了，最好不要说他走了，这会引起很多的误会，因为走了很多时候代表死亡。

**人活着，神鬼在一念之间；人往生，神鬼就分离了**。这在《道德经》里面讲得最清楚。大家想想看，我们中国人往生了，是不是家里有一个神主牌，然后坟墓里面有个棺材？我想请问大家，往生是在家里，还是出去到哪里？如果在家里，那你去扫墓扫什么？如果在坟墓里，那你在家里拜什么？首先我们要明确什么是死亡，你的灵魂最后一次离开你的躯体，那就叫死亡，这是最明确的。西方到现在对死亡的定义都不明确，不知道什么叫死亡，很可怕。有些人根本还没有死亡，你把他当作死了，然后棺材一钉，他在里边活活被闷死了，岂不可怕？这样你才知道，为什么中国人不能说一断气就推去冰库里面，那活活冻死先人，你于心何忍？我们多半要有7天的时间，说不定第6天，他自己又起来了。这种人，不是没有，他只是断气，并没有死亡。人最后一次，灵魂离开身体，永远不回来才叫往生。中国人把灵魂安放在神主牌上面。为什么叫神主牌？就

57

## 财神文化

是说人一往生，我们就把他当作神。但是很少有人把自己的先人雕刻成像来拜，因为这个神还不够神。我们从这里了解就知道了，一定要大家认证，大家都拜的，才可以雕成神像来拜，因为他真的很神。这当中有很多奥妙，我们下面都会讲清楚。

人往生，如果在外面，比如《三国演义》里面的周瑜在外面往生，就要招魂——都督，魂兮归来，意思是把魂引回家。我们只有招魂，从来没有引鬼。如果你带小孙子上楼去拜祖先，一定说"我们上去拜神"，从来没有人说"我们上去拜鬼"。中国人最有意思的，就是把自己的祖先叫神，把别人的祖先叫鬼，这就是亲疏有别，里面牵涉很深刻的意思。

我们的永生，跟西方的永生不一样。西方的永生只有一条路，就是活在上帝心中。我们的永生，是活在大家的心中。孔子、老子、释迦牟尼都活在大家的心中，他们永生了。但是他们永生不是靠他们，而是靠我们。哪一天我们通通把他们忘记了，他们就死亡了，就不见了。这样你才知道，为什么死后要有人拜，这是中国人很妙的地方。我往生后，没有那么多人来拜，最起码我的子孙要拜，不然我活着干吗呢？那么，拜多久？我们是拜七代，七代以后就不拜了。这也是有道理的。第一，拜你七代，你还不能成为大神，那就算了吧。第二，七代以前，我很模糊，一点儿印象都没有，你没有活在我心中，那我拜你干什么？可见中国人非常实际，

## 第四集　借鬼神提升道德
—— 起心动念要及时端正

一点儿不讲形式。我们没有乱拜，神主牌里面的名字，是从七代、六代、五代、四代、三代，然后到自己的亲生父母排下来的。亲生父母一定摆在最前面，然后慢慢往上推，推到七代，就不再往上推了。一切都有道理，绝不是迷信，跟宗教也无关。人往生叫作归，归后来变成了鬼。换句话说，"鬼"字是从"归"字来的，可见鬼是人造的。

人往生有两种情况，一种会变成厉鬼，就是不得好死的人；一种会变成神，因为他得好死了。

**中华文化把鬼神概念用于人往生后，还是在提醒活着的人，要好好修养品德。所谓得到"好死"，才会成为万人供奉的神。那么自古以来，有哪些人是"好死"后，被人供奉的？究竟什么样才叫"好死"呢？**

诸葛亮死了以后，没说任何话，大家就给他盖了庙，开始拜他。连张飞都有人拜，为什么？因为家乡人认为，虽然你们笑张飞，说他鲁莽，但是我们觉得很亲切。

神有好多种，有家里的神，有地方的神，有全国性的神，有皇帝册封的神，有老天派来的神……神也分很多等级，这不是随便的。生前对社会人群有伟大贡献的人，往生以后，我们不忍心忘

## 财神文化

记他，要纪念他，要把他当作全民的典范，他就是神了。这跟迷信没有什么关系。比如，端午节，我们要吃粽子，就是为了纪念一个人。现在很多人只知道吃粽子，把那个人忘记了，这样吃粽子就完全没有意义了。屈原投汨罗江而死，我们很不忍心如此忠臣，居然得到这样的结果。不管皇室怎么说，老百姓心中有一把尺，知道他是值得纪念的。所以，我们可以看到，神有皇帝册封的，有老百姓供奉的。供奉不成，自然就消失了；供奉成，就越来越旺。神是靠香火的，只要没有香火，这个神就不神了，庙就倒了。讲到这里，大家可以听出来，我们去拜神，是我们给神东西，而不是老跟神要东西。一个庙只要没有人拜，到处是灰尘蜘蛛网，最后你去看里面的神，一个个都是垂头丧气的，因为他一点儿也不神。神就靠那一炷香而已，那炷香没有了，他就不神了。人要衣装，神要金装。为什么中国人拜神，家里附近的神不拜，却都跑到很远去拜？你问他，他会说，我们家附近那个庙破土动工我就看到了，进来时是个泥巴，然后被烟熏成黑黑的，叫我怎么拜他？这叫作近庙欺神。我们还有一句话，叫作远来的和尚会念经，其实都是心理作用。

现在，你可以不信神，也可以信神，我们都尊重。中国人向来是尊重别人的。我们自古以来就没有国教，西方是有的，信天主教的国家，全民都信天主教；信基督教的国家，全民都要信基督教。所以，在西方可以说上帝，因为所有人都相信上帝。我们自古以来

## 第四集　借鬼神提升道德
### ——起心动念要及时端正

没有国教，没有统一规定全民都要信什么教。从这个角度，可以看出来，我们中华民族的宗教信仰是全世界最自由的，结果现在变成我们最不自由，这真是很奇妙。全世界只有我们不拜神，西方人都拜神，结果西方人却说他们没有拜神，我们在拜神。岂有此理？原因就是我们自己不了解自己，然后人家这样说，我们也跟着说。他们完全是误导，但是最后我们却把自己迷失掉了。

佛教只有佛，没有神。道教，我们拜的都是人，比如何仙姑、铁拐李，都是人。人做得好，我们为他树立一个像，当作我们学习的对象，这是中国人所做的事情。我们本来多是拜岳飞，很少拜关公，现在不拜岳飞了，都拜关公，这跟清朝的皇帝有很大关系。清朝入关以后，看到我们老拜岳飞，觉得这个不行，因为岳飞打的就是他们清的先祖，你越拜他们越没有面子。那怎么办？当然，这东西不能禁止，越禁止越兴旺。在中国社会，你想通过出书出名，就让政府禁止好了。一禁止，大家马上会买来看，这是中国人很奇怪的地方。你不禁止，他不想看；一听说要禁止，赶快通过各种方法搞来看。你说我们的法律有什么用？我拿这个做证据就好了。你想禁止哪一种宗教，它马上就会兴旺起来，这是非常奇怪的事情。当时清朝的皇帝很厉害，他就演了一出戏。皇帝坐在上面，问他的大臣："后面有谁？"大臣说："没有，谁敢站在您的后面。"皇帝说："有，你有没有看到？"大臣说："没有。"皇帝说："你没

## 财神文化

听到有人说话吗?"大臣说:"没有。"皇帝说:"我听到了,是关某在此。"关公在那里,这一下不得了,下面的人通通相信,后面有关公在保护清朝的皇帝,于是通通拜关公,岳飞反而没有人拜了。

现在,每年都出口很多关公像,全世界的华人,都拜关公。那是政治操作,也没有什么稀奇的,因为他有他的想法,我们也尊重他,当然,你有其他想法,我们也尊重你。但是等我整个讲完,你整个都清楚了之后再做决定。我们尊重大家那时候的选择,因为那时候你比较有选择的能力,不像现在迷迷糊糊,根本不知道该怎么选择。

我们真的不迷信,我们真的很正信。我们跟天跟神,有一定的感应,这是每一个人都有的。你放弃,我们也不认为你不对,反正一切都是自作自受。道的主张就是一切自作自受,所以我们中国人都讲要自修,要自己修持,要靠自己。讲到这里,大家有没有发现,我们一直说中国人依赖性很强、不够独立,这完全不是事实。**中国人是对自己的言行负百分之百的责任,怨天没有用,尤人也没有用,一切都要自己负责**。这怎么叫依赖性?我们的读书人,真的要好好检讨自己,我们读的是什么书,自己要负起完全的责任。你不信,有不信的责任;你相信,有相信的责任;你要相信谁,也要负责任。这样,你就会很慎重,就不会乱来。所以,我们不说谁爱谁,不会讲上帝爱人,不会讲关公爱你。为什么?因为爱属于情感的范围,它是会变的。

## 第四集　借鬼神提升道德
——起心动念要及时端正

受西方文化影响，现代人越来越多地把"爱"字挂在嘴边。但在中国传统文化中，不用"爱"来形容人与天、人与神，以及人与人的关系，那么我们用什么词？为什么这个词，比"爱"更慎重呢？

我们讲"敬"，恭敬的敬。你要敬神，你要敬天，我们没有用"爱"这个字。西方人动不动就讲爱，现在很多中国人也说，你要勇敢地大声说"我爱你"。这句话我也不赞成。当一个男生对一个女生公开说"我爱你，请嫁给我吧"，女生感动得流泪，我不必看八字，就敢断言他们三个月就离婚。因为这种话你都会相信，那还有什么脑筋？

敬是理性的，是经过选择的，是了解的，你才会敬。比如我们都讲夫妻相敬，很少讲相爱。老实讲很多人因为不懂，所以乱讲。我们还是那句话，小人冤枉做小人。你要同情他，不要过分责难他，因为这是时代造成的一个很不正常的现象，慢慢恢复正常就好了。

我们要谨记孔子的一句话，就是"敬鬼神而远之"。如果按照字面意思来解释这句话，就是好像我们通通要远鬼神，其实不是。"敬鬼神而远之"，真正的意思是要敬神，但要远鬼。孔子从来没有否定过鬼神，否则他就不会用"鬼神"这两个字了。他说："祭如在，祭神如神在。"你去祭，如神在，如果你不认为有神，那就不要祭了。做假、搞形式是没有用的。如果你认定有神，那就要恭

## 财神文化

恭敬敬地祭拜，不能开玩笑。《易经》里面的观卦（䷓）告诉我们，上面的人在那里行礼如仪，要很严肃，不能开玩笑，才不会影响下面的人。

**敬是非常重要的，但很不容易做到**，不像爱那么随便。我们要敬神，这样可以得到很大的帮助。神跟圣人一样，是一面镜子，但是圣人离我们实在太远。我们不敢要求每个人都当圣人，所以我们先接近神，慢慢再去接近圣人。比如，诸葛亮，他是神人。这是司马懿讲的："诸葛先生，真神人也。"他没有说诸葛亮是圣人，如果是圣人就不会打仗了。如果你说诸葛亮是圣人，显然是用词错误。**我们只要凭良心，一步一步去走，就会达到自己所要的那个境界。** 一切都靠自己，反求诸己，然后自作自受。自作自受不是坏话，我们都把它当坏话讲；心想事成也不是祝愿，而是事实就是如此。

### 拓展阅读

#### 中国人的永生方式

中华民族有一个鲜明的特色，就是祖先崇拜。人类从古至今都有一个共同的愿望，就是希望把有限的生命尽量地延长，最好是能够长生不死，因为谁都不愿意短短几十年就走了。但是生命终究是

## 第四集 借鬼神提升道德
### ——起心动念要及时端正

有限的，身体的永生是不可能的。历代很多帝王，为此都做出了很多很多劳民伤财的事情，事实证明也都没有用。于是人们又开始想其他的办法，从其他的方面求取得以永生的出路。

西方人走的是"神"本位的路子，他们通过信奉上帝求得永生。西方有一句话大家很熟悉：信我者得永生。意思是只要相信上帝，就可以永生了。大多数人认为中国人很迷信，西方人讲科学，其实恰恰相反。西方人把神看得至高无上，认为上帝可以支配和主宰人类的一切。就连西方的科学家也很相信宗教，他们一方面说唯有可以证明的才可信，另一方面又去信奉看不见的神。科学归科学，宗教归宗教，这不是很矛盾吗？

中国人不太相信这种事情，因为我们根本不太相信神。中国人的神都是人封的，而且在我们的神话中，从三皇五帝到财神、门神，再到各个行业敬奉的鲁班、杜康等神明，分明都是道德崇高或者贡献突出的人。所以中国人走的是"人"本位的路子，我们认为一个人只要后世的人都记得他，虽死犹生，这就是永生。因此我们才会常说："他虽然死了，但是永远活在我们的心中。"孔子、关公到现在还活着，因为大家心中有孔子，孔子就永生了；大家心中有关公，关公也就永生了。中国人很重视心连心、心比心，希望你心中有我，我心中有你，就是这个道理。一个人怎么样才能活在别人的心中？中国人自古以来有三种方式：立德、立功、立言，合起

**财神文化**

来称为"三不朽"。

立功，是说为国为民建功立业。历史上有很多民族英雄，在国家危难之时，个人挺身而出，驰骋疆场，领兵杀敌，立下名垂青史的功业，为后代子孙生生世世所铭记。可是立功要有机会，没有机会，就算英雄也难有用武之地。有个典故叫作"冯唐易老"，是说汉将冯唐在汉文帝的时候就被封为大将，可是文景两代皇帝都采取安抚友好的对外政策，不肯轻易动兵。直到汉武帝的时候，匈奴来犯，才有人推举冯唐。可这时他已经九十多岁，心有余而力不足，再也不能出来任职了。一个成功的人不可能完全凭个人，因为机会不一定会在有生之年到来。生不逢时，或者时运不济，谁也没有办法。

立言，是说提出具有真知灼见的言论，激励世世代代的后人朝正确的目标努力，也可以得到永生。很多人都想写书，就是想创立一些言论，通过立言的方式让自己流传千古。但是立言更难，"文章千古事"，不是随随便便就可以写的。现在每年都有很多书出版，可是很快就不见了，只是制造了一堆垃圾，浪费了很多资源。其实书不见了还算好的，留下来反而更惨，只会贻害后世，误人子弟。

立功很难，就算武功盖世，也不一定有立功的机会；立言也很难，中国两千多年才出了一个孔子。但是立德，也就是树立高尚的品德，是每一个人都可以做的。中国人特别重视品德修养，就表示

## 第四集　借鬼神提升道德
### ——起心动念要及时端正

每个人都有机会，每个人都可以通过立德得到永生。因为每个人都可以掌握自己，好好做人，好好做事，一切凭良心。一个人的品德很好，大家都来学习他的品德，这就永生了。所以人要永生，不是靠上帝，不是靠神仙，而是靠我们自己。

但是到这里，很多人还是觉得很难。因为有机会的，可以立功；有学问的，可以立言；环境很好的，可以修养品德来立德。可是这些都没有怎么办，人活一生总要留下点儿什么东西吧？所以中国人有一个最简单的办法，那就是生个儿子。既然没有办法在别人心中永生，那就永生在自己儿子心中吧。只要儿子记住父母，父母就永生了。如果连儿子的心中都没有父母，父母就永远没有办法永生。全世界只有做中国人的祖先会永生，永生在子女和后代的心中。因为全世界只有中国人才会在家里供奉祖宗的牌位，表明祖宗永远跟我们在一起。这是外国人很难理解的观念。

西方神本位的路子，使他们产生了三样东西代表文化：法律、科学和宗教。中国人本位的路子，也产生了三样东西：道德、艺术和宗法。西方人重视法律，但是我们注重道德；西方人重视科学，我们则把科学发展到艺术的地步；我们没有宗教，但是有宗法。宗法就是对祖先的崇拜。很遗憾，很多人把对祖先的崇拜看成是不够进步的表现，其实慢慢体会就会明白，祖先崇拜一点儿不迷信，而且不像宗教那么可怕。西方人会为了宗教而发动战争，中国人从来

# 财神文化

不会这样。

人可以一辈子不到庙里拜神,但是一定会拜祖宗。中国人透过对祖先的崇拜教育后代儿女,这些跟迷信和鬼神都没有关系。所以扫墓的时候,一定要带上子女,告诉他们:这是你祖父,这是你祖母,虽然已经过世了,我们还是要定期来看他们。这样子女就会明白自己以后该怎么做。想想看,中国人考取了状元,要回家拜祖宗;当上了大官,要回家拜祖宗;生下了孩子,也要回家拜祖宗。因为我们把这些都看成是祖宗照顾的结果,表示祖先活在自己心中。同样自己也可以活在子女心中,就是这样一件事情而已。

其实,供不供奉祖宗的牌位中国人也并不看重,心目当中有没有祖先的存在才最重要。祖先永远活在子女的心中,子女就会时时想到不能违背祖训,要为整个家族争光。所以中国人一方面说要淡泊名利,一方面又说要力求上进,是有道理的。为了个人不必祈求名利,但是还要为整个家族而努力。这样我们就明白为什么中国人一生一世的目标就是光宗耀祖。因为几代人都没有什么突出的表现,所以希望自己的子女当中有一个出人头地,然后就光宗耀祖了。西方人的成功只是个人的事情,中国人的成功是一家人的荣耀。在中国人的观念里,一个人一生再怎么辛苦都无所谓,只要子孙不会忘记自己,永远记住自己,就不愧此生了。这也是外国人始终搞不清楚的事情。

## 第五集　恢复神的真面目

### ——按照天理协助人明白道理

- 神是一面镜子，勤以擦试的话，他的亮度自然就高了，照起来就清楚了。我们的目的是看清楚自己的真面目。
- 敬神，就是我们要看得起自己，要看重自己，要把自己当作正人君子，然后去拜财神，财神才会把正财给我们。
- 修道跟宗教没有关系，就是把自己的良心活化，把自己的规矩修整好。
- 神在天理许可的范围之内，协助人来明白道理，一起按照天理去走。

现代人都希望自己能够挣更多的钱，获得更多的财富，于是开始供财神、拜财神，那么财神到底能不能给人们带来财运呢？古人云：举头三尺有神明。这个"神"指的是什么？为什么能够无处不在？我们应该如何认知"神"的含义，又究竟该不该相信神呢？

## 第五集　恢复神的真面目
### ——按照天理协助人明白道理

我们一直不了解什么叫作神，什么叫作佛，这一集我们会讲清楚。先从一句话开始，叫作诚则灵。诚才会灵，不诚当然不灵。可见，同样的神佛，可以灵，也可以不灵。决定在我，这个我指的是每一个人。我们去拜神佛，是我们给他东西，不是他给我们东西，所以人一定要懂得舍，才能得。我常常劝很多人，想要了解一个人，先问他一个问题：呼吸，到底是呼重要还是吸重要？这么一个很简单的问题，你就可以了解他。如果他说当然吸重要，这个人你最好敬而远之，因为他满脑子都是鬼主意，老打人家的主意，老抢人家的东西。如果他说呼重要，因为呼不出去就吸不进来。这个人就不一样了，他肚量很大，懂得为别人考虑。其实中国人很容易了解别人，一问一答之间，大概八九不离十。现在的人，为什么没有这种能力呢？因为满脑子都是西方的东西，一点儿弹性都没有。

*神是我们人造出来的，叫作人造神*。很多人到了庙里头一看，会说这是艺术品吗？本来就是艺术品，你不给他能量，他就是艺术

财神文化

品。所以我们才会说，神是老的比较有功能，新的没有什么功能。鬼正好相反，新的比较有力道，老的没什么用。我们常讲一句话：你这个老鬼。从来没有说你这个新鬼。你会怕新鬼，但是老鬼算什么？老祖宗把所有事情都讲清楚了，只是我们没有用心去体会。为什么会这样？因为新鬼的能量还在，而老鬼的能量已经消失了；新的神能量不足，而老的神能量很足。可见，一切都是能量。

感应就是能量的交换。大家想一下，一个新的神刚刚伫立在那里，他本身没有什么能量，如果没有人去拜他，他始终是件艺术品。讲到这里我再提醒大家一遍，不能乱拜，哪怕你家里面的一张桌子，你去拜它，拜久了它也神了。这样你才知道，为什么我们要拜祖宗，因为那个神主牌虽然是一块木头，可是你拜他，祖宗就神了，就跟你有感应了；你不拜他，他就是一块木头而已。你很长时间不拜他，他跟你就没有什么感应。当然，我们也不能天天抱着他拜，否则就变成他的奴隶，被他全面掌控了。可见，那个度很重要。

老庙之所以神，是因为香火鼎盛。这样大家就很清楚了，我们去庙里，如果香火比较鼎盛，就是给他的能量比较多。风水轮流转，神也有时代的使命。转到关公身上的时候，很多人都去拜关公，关公就神了；转到赵公明身上的时候，很多人去拜赵公明，赵公明就神了。道理就这么简单。

## 第五集　恢复神的真面目
　　——按照天理协助人明白道理

　　再比如念咒语，有的咒语很短，有的咒语很长。一般来讲，长的咒语会念的人少，短的咒语会念的人多。我不知道大家喜欢念短的，还是喜欢念长的？其实各有利弊。那个咒语很多人念，它的能量就大，但是吸收得也多，因为分散大。那个咒语很少人念，可是它集合在一起，就你们几个人在分享，力道可能更大。任何问题，都没有固定的答案，都得看情况。这种思维，也只有我们中国人才懂。所以，你越学西方的东西，就越不像中国人，这是大家要提高警觉的。

　　在中国古代典籍中，关于神的定义很多。《说文解字》记载："神，天神，引出万物者也。"《大戴礼记·曾子天圆》写道："阳之精气曰神。"那么，古人崇拜敬仰的神究竟是什么呢？

　　神是什么？神是一面镜子，不勤以擦试的话，会慢慢落满灰尘，就不亮了。所以，如果你去拜他，就要对他很恭敬、很诚心。勤以擦试的话，他的亮度自然就高了，照起来就清楚了。我们这样来解释诚则灵，就很贴切。其实它跟物理作用相差不多，但不完全是物理作用。我们的目的是看清楚自己的真面目。人对别人很容易了解，一眼看过去，八九不离十，可是对自己却很难了解，因为我们看不到自己，永远看不清自己是什么样子。这也是上天对人类的

## 财神文化

美德。如果一个人完全看清自己了，就不会喜怒形于色。且如果人看清楚自己的话，会更可怕、更狡猾、更虚伪。大家有没有发现，中国人想事情都是转来转去的，不会一根筋，不会从头到尾走直线。这样的人，你能看得清楚吗？

神不是我们祈求的对象，而是我们给他什么，他有了以后，才能够回馈给我们。用这样的观点来了解钱财，就更清楚了。**钱财，必须要取之于社会，然后用之于社会**。可是这个先后，跟很多人的观念是相反的。那些越想赚钱的人，是越赚不着钱的。有些自称为理财专家的人，他看到人就问："你口袋里有多少钱？"对方说："我有1350元。"理财专家说："不错，你对数字很有概念。那你这1350元里面，有几张是100元的，有几张是50元的，有几张是20元的？"对方讲得清清楚楚。这个理财专家就认为那个人是天才，其实那个人一辈子是穷光蛋。就那么一点儿钱，还记得清清楚楚，那你一辈子只配理那么一点儿钱而已。

老实讲，现代人，脑筋真的不够清楚，把错的看成对的，把对的反而看成错的，然后还洋洋得意。真正的大富翁，身上都是没有钱的，因为他不需要带钱。如果连100元几张，50元几张都记得一清二楚，这样的人一辈子能有多少钱？

钱是什么？钱就是你的影子。如果你去追你的影子，怎么追都追不到，你跑得越快，它跑得越快。所以想要找钱，就倒过来，你

## 第五集　恢复神的真面目
——按照天理协助人明白道理

不要它了，它就死死跟着你。要钱来找你，不要你去找钱，否则一辈子都很辛苦，而钱来找你，那就轻松愉快了。老实讲，如果真的有机会碰到一位大富翁，你问他钱是怎么来的，他会说："我告诉你真话，我知道钱是怎么来的时候，我是很穷的；我真的不知道钱是怎么来的时候，我才觉得自己是富翁。"富翁就是不知道钱是怎么来的，可见现在那些理财专家都是穷光蛋。一天到晚告诉人家，哪一支股票会涨，哪一支股票会跌，累得半死，就是赚不着钱，那你还听他的干吗？我再问你，他告诉你哪一支股票会涨，灵不灵？答案很简单，越多人相信他，他就越灵；没有人相信他，他就一点儿不灵。这跟我们拜神是一样的。你相信他，就经常去买，那支股票自然就涨了。因为股票就是这样的，买的人多，它就涨了；没有人买，它就跌了。这也不是理财专家算出来的，跟他没有什么关系，可我们都说他很灵，这是人很奇怪的地方。神也是这样，你拜他，他就很灵；你不拜他，他就不灵了。道理是一样的，非常简单。

**如果说经常拜神，神就会灵，那么想发财的人，经常拜拜财神，是不是财神就会灵验，就能使人发财了呢？**

我们必须要了解，*所谓敬神，就是我们要看得起自己，要看重自己，要把自己当作正人君子，然后去拜财神，财神才会把正财给*

## 财神文化

*我们*。但是这个正财，是你的额度。财神不能超过你的额度给你，这样才叫正财，否则就是邪财，也叫魔财，那是会害死人的。一个人得到正财，一家人都很幸福，健康平安；得到魔财，不是被绑票，就是出意外，一下子就被拿光了。这样来解释不义之财，就很清楚了。实际上，就看我们的心正不正。

儒家从来没有反对利，那个义跟利的分辨，只是告诉我们，合理的钱一定要赚，不然白做了；不合理的钱绝对不要赚，否则自己受害。道理很简单。但是人很奇怪，就是不相信简单的道理，宁愿去学那些复杂的道理。不是想累死自己吗？大家想想，人到底是爱护自己，还是专门整自己？我们大部分人，都是想尽办法要整死自己的，这不是很可笑吗？

大家不拜，财神就不灵了；大家都拜，财神就灵了。不能说你平常不拜他，有事来求他，那他不可能帮你，因为一分耕耘才有一分收获。简而言之，拜不拜，是你的事，效果怎么样，也是你自己决定。财神只是个媒介，但是财神的功能是什么？很简单，一个人这一辈子能赚多少钱，这是定数。所以不要急，早把你的额度赚满了，后面一定是亏的。好比水如果装满了，下一步就是往外流。反正一辈子就这么多钱，慢慢赚就好了，何必那么辛苦呢？有人说不行，现在时机好，人也年轻，要抓紧时间赚钱，很多人都是这种观念。年轻的时候，用身体去换钱，换到钱以后，全身都是病，然后

## 第五集  恢复神的真面目
### ——按照天理协助人明白道理

再把这些钱送给医生。要不然医院怎么越开越多呢？全世界，没有像我们这样的，还有肿瘤医院。医院就是医院，为什么要叫肿瘤医院呢？无非自己吓自己。

我们用不着用生命去换钱，留得青山在，不怕没柴烧。银行有存款，你为什么急着要提点儿出来，就放在那里好了。所以，每一个人都应该好好想一想，为什么我们老讲钱是身外之物，就是说**钱是工具，不是目的**。

大家一定觉得很奇怪，你讲财神，一开始讲财神就好了，讲这么多东西干什么。一般人都会犯这个毛病，看到名字就不顾一切，就钻到这个名字里面去了。看到财神，就是求财的，我去多拜几次，就发财了。这种人拜一辈子都没有用，因为你根本不认识财神。大家想想看，为什么有人到处拜，什么效果都没有？因为他跟神没有对接，没有感应。其实我们到庙里头去拜，要先看看神佛在不在。神佛不在，你打个招呼就好了；神佛在，那你再给他行礼。不是见什么都拜。如果不管是谁，都拜，认为只要保佑你就好，这种人就叫唯利是图。但是大部分人是这样的，那就叫迷信。业务员，看到谁都说"早上好""你好"，这样别人是不会理你的。所以，很多人拜了半天，神佛跟他一点儿感应都没有，白拜了。我们先给神正能量，他再用正能量来回复我们。如果你起心动念就是歪的——我现在这个钱，有点儿不流通，有点儿问题，拜托你无论如何帮帮我，那就是没有用的。

## 财神文化

*拜神不仅要诚心，还要动机纯正。为了谋取私利而拜神，是不会如愿的。那么，是不是只要不妨碍公益，充满正能量地拜神，就能有求必应呢？*

神不是救火队，听到哪里着火就去救，岂不忙死？他一定要按照法律的规定来办事。天上有天上的法，人间有人间的法。神明是不能违反天律的，就好像银行一定要按照国家的政策和法令去执行，那是一样的道理。孔子讲过一句话："获罪于天，无所祷也。"一个人，只要得罪了老天爷，怎么拜都没有用。神佛也是一样。

大家只知道人在修，其实神佛也在修。人不修一定被淘汰，神佛不修同样被淘汰。人跟神都是在天底下努力地求上进，所以天人合一的意思就是说，天底下万物都要修道。*修道跟宗教没有关系，就是把自己的良心活化，把自己的规矩修整好。*因此，神佛跟人一样，都不能违背天理。可见，我们真的误解了老子的话。老子说"无为，无不为"，很多人解释成我什么都不做，效果就出来了。绝无可能。无为，必须要有无不为的效果。无为，这个"为"是违反的"违"，不是作为的"为"。无不为，这个"为"才是作为的"为"。一个人不违背天理，而有所作为，才叫作"无为，无不为"。我们中国的文字，不是那么容易解释的，不要望文生义。大部分人只是望文生义，就觉得自己懂了，这样的人永远不懂。一个人，活着就

## 第五集　恢复神的真面目
### ——按照天理协助人明白道理

要有所作为，否则跟植物没有什么区别。但是有所作为，就容易害自己，叫自作孽。好心也经常做坏事，很多人都是这样，所以叫冤枉。虽然你是好心，但是非不明。是非要明不是那么容易的，最难的就是是非分明。你年纪轻轻的，就懂得什么叫是非？差太远了。

我们现在终于明白，神也有他的真面目。神是什么？在天理许可的范围之内，他也有他的局限性，他不是无限的。在这个范围之内，他会协助人来明白道理，一起按照天理去走。神不能乱，一乱就变成魔了。可见，魔比较容易，因为他不顾一切，不择手段，这样他才有办法有求必应。神是按照规定的，你求他，他要看你的要求合不合理，不合理不会答应，合理才能答应。如果不合理的也答应的话，就得罪天了。"获罪于天，无所祷也"，得罪了天，再怎么跪拜都没有用。我们大部分人不懂这些道理，以为神是最大的，求他，只要他点头就可以。绝无此事。神跟人同时受到天的约束，天上叫作天网，人间只有法网。但是天地之间，还有一个更大的网，也叫作天网，天网是疏而不漏的。

古语说"举头三尺有神明"，也就是说，神无处不在，无事不明。我们常常只相信看得见的东西，不相信看不见的东西，这些看不见的神鬼，真的就在我们身边，注视着我们的一举一动、一言一行吗？

## 财神文化

我很诚恳地跟各位讲，我们周围都是神鬼，比人还多。他们在干什么？忠实地记载你的一言一行，他们的任务就是帮助你，老老实实地帮助你，你的任何起心动念，他都给你记下来，这比警察还厉害。警察还可以躲，神佛无处不在、无时不在，但他们是不穿制服的，让你无从辨识。儒家把它叫作慎独。慎独有好几个意思，其中一个是说不要看没有人就胡作非为，神佛都在看着你，因为这是他的任务，他要帮助人来把宇宙的秩序维持起来，这样宇宙才能生生不息，否则只会越来越乱。

我请问各位，什么叫世外桃源？世外桃源的另外一个名字，就是香格里拉。那哪里才是香格里拉？答案是很令人心酸的。人没有到过的地方，才是香格里拉。人一到就糟蹋掉了。人，其实是天底下最可怕的。如果人不能够做万物之灵，那一定是万物之贼。现在的人差不多都是万物之贼，口头上都在讲要保护环境、爱护动物，实际上却到处破坏、杀戮。我也向大家发出一个警告，近百年来灭种的都是哺乳类的动物，而人也属于哺乳类的动物。老天已经发出最后通令了，说哺乳类动物慢慢消灭，最后就是把人消灭掉。所以，人要提高警觉，要自己救自己，否则的话一切都是空的。

神，现在越来越不够用，因为太忙了，就好像警察越来越多一样。现在全世界都是警察，而且越来越多。我们以前总觉得警察比军人安全，而事实是警察比军人还危险。人类闯了很大的祸，就是

## 第五集　恢复神的真面目
——按照天理协助人明白道理

我们不检点、不自律、脑筋不清楚造成的。现代人的通病，第一是脑筋不清楚，自己认为是非分明，实际上却颠倒是非。第二是喜欢装神弄鬼，很多人因为对神鬼不了解、不尊敬，所以整天在那里装神弄鬼，最后只会害自己。一般人平时不烧香，事到临头才猛求，然后还怪神佛不灵，结果神佛也被人搞得非常不安。

所以，**现代人的责任，不但要救自己，而且还要救神佛**。其实神佛也是经历浩劫的，他们有时候回想以前的历史，会觉得很舒服。我是站在他们的立场向大家发出求救的声音：救救神佛。人把自己糟蹋掉了，还要糟蹋神佛；把地球破坏了，还想尽办法要去破坏火星，破坏其他的星球。这都是事实。人类要先把地球治理好，才有资格去开发其他的星球。否则你把地球糟蹋了，带着金银财宝跑了，这是什么心态？为什么很多人想移民到国外去，这里面有非常复杂的心态。

**我们对神明要"敬而远之"。敬，是敬自己；远，是要靠自己**。我们自己先努力，再去求他。自己不努力只去求他，浪费时间，徒劳无功，最后两败俱伤。大家一定要把这些基础的概念都搞清楚之后，再去求神拜佛，才会有效。我们之所以花那么多时间做这些前置工程，就是想告诉大家，基础打稳了，上面才可以盖高楼。否则的话就是迷信，我们一定要破除迷信。

**财神文化**

### 拓展阅读

### 神是何方神圣？

宇宙万事万物，虽然繁杂无比，却都非常有秩序。春夏秋冬，几乎没有一年乱过，始终就是春夏秋冬，非常有秩序地运转。潮涨潮落，涨了一定会退，退了也会再涨。花草树木，各自生长、繁茂、衰落。这些都在很自然地运转，无需人来管，就算你想管恐怕也没有那个能力。我们马上会想到，这些就是神在管，神在主宰。宇宙的变化，已经有很多是科学可以解释的。凡是科学可以解释的这些部分，我们都说它是定律，没有人说它是神了。可是科学不能解释的部分，你只好叫它神了，不然怎么办？所以，到底有没有神，我们的答案是，你说有神也对，因为的确科学再发达，也有很多神秘的事情无法解释；你说没有神也对，因为科学不断发展，不断对某些神秘的事情作出解释，神的范围就越来越小了。我们总结一下，神就是到目前为止，科学还不知道的部分。这些科学未知的部分，也不一定是非科学的，随着时间的发展，也许某天我们会有进一步的认识。

我们都知道宇宙这么复杂，如果没有谁来管的话，它一定非常混乱，而谁来管都管不了。这两句话听起来就很矛盾，没有谁来管

## 第五集　恢复神的真面目
### ——按照天理协助人明白道理

它会很乱，有谁来管又管不了。所以中国人就说这是天在管。那天不是神吗？天不是很神秘吗？你怎么知道天是神，又怎么知道天是神秘的呢？其实很容易了解，天就代表了自然运行的规律。自然会运行，而运行一定符合规律，这个规律我们给它一个代名词，就叫天，这样不是很科学吗？可见，我们随时可以把神秘面减少，增大科学面，也随时可以尊重神秘面，把它拿出来探讨一番，这样我们才能够全面来关照。你如果认为这是神，什么都是神在做主，人没有办法，那就是迷信。你说一切都是科学，除了科学以外，没有什么有风险性，那也不对。经商的人最知道有风险性，再准确的资讯，再正确的数据，再用心盘算，也可能失败，也可能血本无归，这就是风险性。风险性就是神，就是科学到目前为止没有办法解释的那一部分。

　　中国人的神，用天来统治。天是我们每个人都看得到的，它是自然运行的一个规律，我们可以看到潮水涨落，月亮圆缺，这不是神的，而是自然的。为什么会有泥石流？如果水土保持做得很好，如果不乱砍乱伐树木，怎么会有泥石流？该种植物的地方你用来铺路，不该开垦的地方乱开垦，泥石流自然就来了，这跟神有什么关系？所以，你要说它神，就代表人无能为力，你要说它是自然的现象，就知道这一切都有规律可循。只要人按照天理，不触犯老天的规律，一切按照自然规律，就没有什么灾祸，也不会有灾难。一切

## 财神文化

都是人惹出来的祸,神也是一样,你对他规规矩矩,他也跟你规规矩矩;你要跟他乱来,他就跟你乱来。一切都是自己惹来的祸,所以我们一再讲要跟财神来往,一定要按照他的规矩,这样才有办法保证求到神财。否则,哪一天进入财魔的魔掌,别人想帮助你恐怕都很难。一切都是咎由自取。所以还是那句话,要求神财不要求魔财,既然求神财,你找到了神,就不要把他气跑,否则魔很快就会乘虚而入。只要你过分贪心,只要你心术不正,甚至于你的心不诚,魔就来了。这样我们才知道为什么魔很多而神很少,因为人总是把神气走了,当然魔一大堆,就好比你不跟好人打交道,专门跟坏人打交道,自然你周围都是坏人。哪一天你改变一下,专门跟好人打交道,不跟坏人打交道,那你周围都是好人。

讲到这里,我们来探讨一下皇帝能够封神的事情,这是中国人很奇怪的一种做法。西方的观点是君权神授,他们认为皇帝有这种权力,是神给予的。所以在西方社会,神永远是高高在上的,永远是人的主宰,这样他才有权力把权授给君王,让君王去通知老百姓。中国人刚好相反,我们所有的神都是皇帝封的,皇帝不封,你就当不成。所以从《封神榜》开始,我们就知道所有的神都是被封的。可以说,西方神创造人,中国人创造神。中国所有的神都是人想出来的,都是人创造出来的。比如天本来就是天,天那里怎么还有玉皇大帝?宋真宗的时候,因为他是皇帝,就说天老爷就是玉

## 第五集　恢复神的真面目
——按照天理协助人明白道理

皇大帝，大家也就跟着说了。再比如天公是哪一天生的？大家一定说是农历正月初九，为什么？一年之中元月最大，我们叫正月，一个月中初九最大，因为九是最大的阳数。正月是阳的，初九也是阳的，这一天谁那么大胆敢出生呢？只有天公。可见，这也是人想出来的，跟迷信没有什么关系。

大家朝这个方向去想，就可以摆脱怪力乱神。因为我们所有的神都是皇帝封出来的。想想看，民间敢不敢在家里塑造一个玉皇大帝？没有人敢。只有很少数的庙才有资格供奉玉皇大帝，一般的庙只能够雕个天公炉来作象征，而我们家里面连天公炉都不敢放，因为放了以后你责任很重，稍微搞不好就是对天不敬。所以我们最多插一根竹竿，那就代表天老爷，你向那根竹竿拜拜。很多人都搞不清楚，觉得怎么连竹竿都拜。那个就代表天，怎么不能拜？这是我们跟西方观念不一样的地方，一句话就讲清楚了，西方的神高高在上，可以主宰人，中国是以人为主，人最大。我们所有的神明都是人变的，妈祖、玄天上帝、关公等等，通通都是人变的。西方人很难理解这种说法，他们认为神就是神，人就是人，人不会变神，但是偏偏周围的神都是人变来的，这很奇怪。

接下来，我们必须再谈谈现代人可以选神。现代比以前进步，以前只有皇帝可以封神，可是现在没有皇帝了，我们又需要不断有新的神出来，那怎么办呢？只好由老百姓来民选。自从民权取代

## 财神文化

君权之后，一切都讲民选。现在的神明也是由老百姓自由选举产生的，得票高的就当选。比如现在我们把某人的雕像拿来拜，可是大家都不拜，那他就没有得到票，就不会当选。不会当选自然做不成神。你随便雕一个，然后大家觉得这很有道理，你拜他拜大家都拜，他慢慢就有了分身，就变成神了。大家如果有兴趣的话，可以看看胡雪岩。胡雪岩刚到台湾的时候，只是一尊雕像而已，他没有分身，可是没过多久分身就很多了，现在全省都有。你说这是谁规定的？政府规定的没有人会接受，就是大家认定的确胡先生很灵光，很有感应。看看他的书，看看他的录影带，就可以长进智慧，就可以知道怎么去赚钱，那不就是向神去要钱吗？要钱向谁要？向胡雪岩要最好，这样胡雪岩就变成了新的财神爷，我想这也是很自然的。

玉皇大帝是万物之始，出于尊重，称他为元始天尊。任何人只要朝天一拜，心目当中就有天公的存在。如果你说天上空空的，拜什么，这个人心中就没有天公的存在。可见，天老爷存在不存在看你认定不认定，你认定他就存在；不认定，他就不存在。你拜关公到底为什么？你说你跟他求财，他就是财神。你说你没有求他什么，那他就只是一个神而已，不见得是财神。我觉得每一个人都要记住神不神看你，存在不存在也看你。人才是最重要的，人才是主宰，天地之间人是最了不起的，不要小看自己。但就算是新的神，

## 第五集　恢复神的真面目
### ——按照天理协助人明白道理

还是要接受天公的统领，还是要尊重原有的神明系统，不能闹革命，否则自己就会站不住脚。因为只要是人，不敬天，那么求神就没有用；只要是神，不敬天，这个神很快就会变成魔。所以不管是新神还是老神都要敬天，都要按照天理行事。这样我们才知道，为什么中国人拜的时候，都是先拜天然后求神。为什么孔子讲"获罪于天，无所祷也"。两千多年前孔子就已经觉悟了，只要老天不点头，你再求神也没有用，可见人最要紧的是不能得罪老天，否则再怎么办也没有用，这是孔子两千多年前就已经说过的话，天庭的规矩神明都不敢违反，何况是人？不管新神、旧神，都要遵守上天的规律。而我们每一个人要么不求神，如果要求神，跟神互动的话，一定要先敬天。天是所有神的统领，你得罪了所有神的老板，跟神打交道是没有好处的。因为只要老板不点头，这些干部就不敢做决定，这也是人之常情。

## 第六集　人人必经鬼门关

——生无忧而死无惧

- 人人都有一个共同点，必须经过鬼门关，没有人例外。
- 我们这一辈子，有多少福，能活多久，都是我们自己决定的。
- 人活着就是一份责任，我们的责任是上面奉养两代，下面教养两代，我们就尽到了自己的责任。
- 我们唯一单纯的路，即保证自己在到达鬼门关之前，心安理得。
- 今日事今日毕，不要留后遗症，搞得自己后悔不堪。
- 凡事要慎终如始。

有生必有死，这是一个人尽皆知的道理。但是，仍然会有很多人恐惧死亡。孔子说"未知生，焉知死"，如果我们对于为什么活着都不明白，当然无法坦然面对死亡。那么，人究竟应该为什么而活着？又如何才能做到"生而无忧，死而无惧"呢？

## 第六集　人人必经鬼门关
——生无忧而死无惧

人跟人之间，我们叫作人际关系；人跟机器之间，我们叫作人机关系。人跟人之间比较容易对应，因为彼此之间有感应。碰到机器，你就呆了，因为机器很呆。我们这一集要讲一句大家非常熟悉的话，就是鬼门关前走一遭。鬼门关永远在那里，而且是每一个人的必经之路。

**人人都有一个共同点，就是必须经过鬼门关，没有人例外，所以长生不老是不可能的。** 以前秦始皇、汉武帝，有那么大的权势，那么多的财富，他们唯一的要求就是想不死，最终都做不到。有生必有死，这是定数，也叫定律，没有人能够违反。因此，我们一生下来，就面对死亡，可是我们很巧妙地把它叫作生日。其实，生日就是又走近鬼门关一年。那我们会不会讲，今天请各位来庆祝我又接近鬼门关了？这句话听起来就很不舒服，所以我们只有说生日快乐。我讲这话的意思是想告诉大家，我们常常觉得自己说的是真话，其实是骗自己的。你不太可能说真话，因为忠言逆耳。很多人

**财神文化**

听话，专听妥当的话，一听到真话就恼羞成怒，就给你脸色看。我们读书要小心，尤其是儒家的书，很多都被我们读错了，搞得很僵化，还去怪孔老夫子，说他礼教吃人，害死我们，其实是我们自己搞错了。

人最好自然生自然死，可现在大部分人都不是自然死的。很多人到最后浑身插满各种管，还要电击，就是先让你试试地狱是什么滋味，再送过去。其实没有必要，因为有的人不一定要下地狱，可是今天的人都提前下地狱，岂不是自找麻烦？人必须要提前了解死亡，我们一定要做到，生无忧而死无惧，这样人生才有价值。要不然的话，一辈子就是赚钱的工具，丧失了做人的价值。

我们首先要了解，生死由天不由人。这里的天，不是说天来主宰我们。对人来讲，天多半是指先天。生死先天就决定了，不是后天决定的，而且后天可以改变的也不多。

生，其实也非常危险，所以生日就是母难日。我们今天实在够残忍，每一年把妈妈处于危险的那一天拿出来张扬，还说你看我妈妈那一天多不容易，差一点儿没命，来，切蛋糕。如果了解这个，我相信你也不敢过生日，就算过生日，只能是说"妈妈，我对不起你，那一天让你受苦受难，我要好好做人"。这样才对。还敢切蛋糕？蛋糕上面还做记号，我妈妈受难三周年，我妈妈受难十五周年——真是不孝至极。

## 第六集　人人必经鬼门关
### ——生无忧而死无惧

做人一定要知道，我们这一辈子，有多少福，能活多久，都是我们自己决定的。中国人是完全自己负责任的人。人活着就是一份责任，我们是全世界最了解这点的民族。

如果说人活着就是为了尽一份责任，那么，我们应该如何做，才能真正尽到这份责任？而这份人生的责任，到底是什么呢？

我们的责任是什么？非常简单，上面奉养两代，下面教养两代，我们就尽到了自己的责任。如果上面两代，你都不会奉养，那还能做什么事？如果下面两代都不能教养，那你们家就对不起社会。道理就是这样的。一个人到了六十多岁，上两代都奉养得差不多了，其他的时间，他们也要做他们的事；下面两代教养得也差不多了，剩下的时间你要感谢社会、回馈社会。感谢社会、回馈社会，就能很顺利地通过鬼门关，就知道该怎么去应对神佛。其实，神佛只是走得比我们早而已，他们通过鬼门关的经验，我们可以借鉴；他们今天有这样的面貌，是要给我们一些激励，让我们有一个学习的榜样。用这样的心态来对应，绝对不叫迷信，那是给自己的一门功课。所以为什么很多人都说做早课、做晚课，就是在做功课。人活着就要做功课，就是要终身学习。

人从哪里来，死后到哪里去，这是全世界共同关心的问题。我

## 财神文化

不相信有人一辈子都不想这两个问题，当然很多人无从想起，因为反正始终也找不到答案，这种人其实很可惜。他这一辈子，就是做芸芸众生。当然，我们也不要笑芸芸众生，正因为这一辈子有太多的芸芸众生，才让我们能够过比较好的日子，所以应该感谢他们，这叫慈悲。

我们到神佛那里去求，对神佛不恭敬，神佛不会处罚我们。有很多人说你诽谤佛，你会怎么样，我都不相信。但是你会受罚，这并不是神佛处罚你，而是魔处罚你，因为你拜了魔。他对你有要求，你不听他的，他就处罚你。神佛是慈悲为怀，慈已经很难了，悲更难。为什么妈妈很慈，而爸爸不够慈？我们向来都是讲慈母，讲慈父多半是客气话。严父慈母，爸爸最大的责任就是对子女要严格，才能成全妈妈的慈。如果两个都慈，孩子就会被宠坏。我们现在的问题，就是父母两个人都在争取孩子对他们印象好，结果孩子就变成了小霸王。爸爸对家庭最大的贡献，就是要严格，让孩子怕你，让孩子认为你是坏人，你就尽到了责任。而妈妈要替爸爸打圆场，告诉孩子不是爸爸脾气不好，是你自己不好，你先做好了，爸爸脾气也就好了。这才叫作慈。现在不是，妈妈会恐吓孩子，出卖爸爸——你再不听话，爸爸回来就知道了。爸爸回来心里想，你会讨好孩子，我不会吗？然后对孩子说，来，我抱你，妈妈没有时间抱你，妈妈不买给你，我买给你。孩子就完了。

## 第六集　人人必经鬼门关
### ——生无忧而死无惧

我讲的道理都非常简单，每个人都做得到，这才叫作大道至简。我们一天到晚读书，所有的事总是搞得很复杂，那就是没有通。现在不通的人太多了。人从哪里来，死后到哪里去，中国人的答案是最清楚的，就是《道德经》的第一句话，"道可道非常道"，答案就在其中。

*短短五千字的《道德经》，是老子的思想结晶。老子在开篇就说"道可道非常道"，这句话到底是什么意思？他又是如何解答"人从哪里来，死后到哪里去"这一疑问的？*

我们同时活在两个世界，一个叫常道，一个叫非常道。"道可道非常道"，就表示有一个常道，叫绝对宇宙；有一个非常道，叫相对宇宙。我们本来在常道，来到世界上叫非常道。常道绝对光明，绝对自由，绝对平等，但是只要活着，就不可能到达。非常道相对光明，相对自由，相对平等，它一定有黑暗，一定有受限制的部分。实际上，人是不可能平等的。西方人说人生而平等，这句话是不正确的。人在没有生以前是平等的，死了以后还是平等的，但活着这几十年就是不平等的。因为不平等才要奋斗，要不然奋斗什么？我们现在所读的书，其实很多是错误的，多半是因为要考试，不得不背。所以，考试的时候，就写人是生而平等的，但你要知道

## 财神文化

那是错的，这才是典型的中国人。

**回家，是唯一安全的路**。我们是要回到绝对宇宙去的，所以生前不要太计较，因为那是很短暂的一段时间。死后才更值得我们关心，那叫千秋。**争一时不如争千秋，争千秋而不争一时**。这样就很清楚了，很多人活着受尽委屈，但是死后留名万世。比如，明末抗清名将史可法，扬州城眼看就要被清军攻破，他可以逃吗？当然可以。但是他不逃，因为很难得有这个机会可以流芳百世，他为什么要逃？逃就糟糕了。人，不是说生一定比死好，但绝对不能自杀，因为自杀后面的事情是非常严重、非常可怕的。人，怎么死都可以，就是不能自杀。其实，如果这些事情，我们从小就让下一代知道的话，我相信他们这辈子会过得很轻松。但是，我们现在都是从小告诉孩子计算机、太空等这些跟他们不是很贴切的东西，真的没有用。中国人现在都变成考试的机器了，每一个人考试都是世界上最好的，但生活品质却比较差。

我们要了解，**人都有一个共同的无奈，这是没有办法化解的事情，就是我们都知道自己迟早会死，但是永远不知道什么时候死、怎么死、死在哪里**。很多人常常讲，我现在犯错没有关系，明天来得及改，但可能今天晚上你就死了，那到了鬼门关就惨了，因为犯过的错你赖不掉，想改但是没机会改了。人往往是不想死的时候死了，想死的时候却死不了，这就叫无奈。

## 第六集　人人必经鬼门关
### ——生无忧而死无惧

我有个高中同学，自杀几次都没有成功。所以他写作文说，天底下最困难的事情就是自杀。他第一次想到游泳池，于是跑进去，才淹到小腿就觉得脚都麻痹了，赶快出来了。第二次想到跳窗子，跑上去往下一看那么高，又回来了。想死不容易，想活也很难，大家什么时候把这些都搞清楚了以后，就知道自己该怎么办了。

我们现在只剩下一条最单纯的路。每个人都知道，鬼门关是固定的，它永远设定在那里。我们要面对它，因为逃避不了，只是我们不知道什么时候会通过。所以，必须要在通过之前，使自己没有愧疚，使自己心安理得。唯一单纯的路就是这样，即保证自己在到达鬼门关之前，心安理得。如此一来，就算再多的人来抓你，你都不怕，因为你没有犯错。我们总是讲，要如履薄冰、如临深渊，就是这个道理。

命运常常开人的玩笑。台湾有一个名望很高的人，医生诊断他活不过三个月。所以他就跟太太讲："太太，我有一件事，始终没有告诉你，因为我对不起你。"太太说："都这个时候了，有什么事情就赶紧说吧。"他说："我说了，你可不要怪我。"太太说："我怪你干什么，尽管说。"他说："我在外面生了一个小孩儿，能不能请你收容他。"人在这个时候是非常宽宏大量的，太太说："当然可以，既然是你生的，我会视同己出，你放心吧。"大家看，这个支票开得够好吧。可是讲完以后，半年都没死。于是太太

## 财神文化

就开始骂了，天天骂。这个人心里想，要是当初不说该多好。可当初不说，说不定他就死了，这就叫无奈。

有人是死里逃生，有人是突然间就走了，老天最大的本事，就是让你摸不清楚什么时候会死。

我们讲来讲去，无非是想说明，一切都是靠自己的。靠自己什么？两个字而已：道德。其他的都不可靠。一个人讲话别人会不会听，不在于这人有多少钱、有多大名气，而是在于他平常的所作所为。你的一言一行，大家都看在眼里。中国人不太相信人家的话，而是相信自己的感觉。我们都相信自己的感觉是最灵敏、最正确的，其他人的话都是做参考用。因此，我们要内外兼修，里面靠自己，外面靠神明。这样就很清楚了，怎么理财，你自己要学习。但同样是学习，有人理得好，有人理不好，其中的差别就是神明有没有帮助你。

我们要让大家都知道，鬼门关永远等在那里，不用怕，因为那是自然的事情。时间是无限的，自古至今，从未用完，但人的寿命是有限的，所以大家不必害怕死亡。我们要提高警觉，要时时小心的一点是，今日事今日毕，不要留后遗症，搞得自己后悔不堪。千万不要有投机取巧的想法：我先做一阵子，将来慢慢再弥补。要知道，我们所有的错误，都是从起心动念开始的。当然有的人是过关了，那是老天对你的厚爱，让你犯的错有时间弥补。所以过

## 第六集　人人必经鬼门关
### ——生无忧而死无惧

关以后更要小心，可这种事情，是不可能常常做的。孔子说"不二过"。人不可能永远不犯过，犯了过以后要反省，下次不要再犯了，因为人会离鬼门关越来越近。

*人非圣贤，孰能无过？人的一生不犯错误很难，但犯了错误能马上改也很难。有些是不知道自己已经犯错，有些是不敢面对自己的错误，还有一些是执迷不悟。那么，为了不让有限的生命追悔莫及，我们该怎么做呢？*

我们必须要有一套方法，这套方法就是曾子告诉我们的"吾日三省吾身"。每天最少留一炷香的时间，来反省自己。为什么用一炷香？古人要反省自己，第一，会点一炷香，这一炷香是用来计算时间的。现在我们有一到时间就自动提醒的各种设备，但是以前没有。人反省自己经常说，今天有没有做错，没有；我这个好不好，很好；还有没有什么要反省的，差不多了；结束。基本都是这样。我们对别人是比较严苛的，对自己多半很宽松，这是人的本性。所以必须要有一炷香，要求自己一炷香烧完，才可以放过自己，要不然就是没有达到目的。第二，要一杯清水。清水是干什么用的？就是告诉自己，我们每天只懂得洗外面，从来没有洗过里面，喝一杯清水，表示开始要洗里面了。很多人外面皮肤洗得很干净，里面

## 财神文化

却污秽得不得了。喝完清水开始检讨，我今天不诚实骗了某人，我今天跟人家约会迟到了，我今天对别人的事情不是很用心，我今天某一点有私心在里面，我今天贪得了一些小利……只要敢于面对自己，就很容易改正。

人最怕的就是骗自己。孔老夫子一再叮咛我们不要骗自己，他是最了解中国人的。你勇敢面对自己的错误，下决心改正就好了，不要太过为难自己，不要给自己太高的要求。圣人对我们也是很慈悲的，他们不会给我们太难的题目做。

大家要记住一句话，**凡事要慎终如始**。我们一直讲始终，其实圣人都讲终始，不太讲始终。事情刚开始，我们都是小心翼翼的，到最后就大意了。人最可怕的就是得意忘形。平民百姓，比较不会犯大错误，但是一旦暴发了，一旦有钱有势了，什么坏事都敢做，这是事实。我有钱怕什么，有钱可使鬼推磨。可当你讲到有钱可使鬼推磨的时候，要想到不是叫神推磨。如果说有钱可以使神推磨，那你就去做好了。神不动，只有鬼在动，那你就要小心了，迟早会被拉下水。中国人每一个字，都要用心去体会。我们为什么不说有钱可使神推磨，只讲使鬼推磨？就是在警告你，无事不通的时候，就已经开始在搞鬼了。一搞鬼，鬼就附在你身上，你就跑不掉了。何必跟自己过不去呢？一个人认识到这点，就会自律，就会想办法去平凡。《易经》里面有个复卦（☷☳），告诉我们三个字：不远

## 第六集　人人必经鬼门关
### ——生无忧而死无惧

复。意思是说离开正道不远，要赶快回来，否则再远就回不来了。小过错赶快拉回来比较容易，搞成大错就拉不回来了，这是非常简单的道理。每天都有小过错，你应该很喜悦，因为还容易改，只要改，很快就能改过来。

我们随时随地都要考虑，将来是要回老家的，因此行李不能太重，东西不要太多，最要紧的是心安理得，能够很容易通关。通关的证件最要紧，不要一到鬼门关，就被牛鬼蛇神挡住，那就糟糕了。那时候脸色很难看也没有用，医生没有办法，家人也救不了你，何必呢？人生只有这一条路走，不要死到临头才来后悔。一个人如果能够到死都不后悔，那真是幸运的人，但是没有人做得到。我们多半到临终才后悔，那是最折磨人的。基督教叫作最后的审判，我们认为人是自己在审判自己，不是上帝在审判你。人的往生是从手脚僵化开始的，心脏最后停止跳动。当你临终手脚不能动的时候，大脑就开始想，我三岁的时候打过隔壁阿花，阿花就出来了，她会打你一拳；我十岁的时候偷了谁的钱，那个人又出来，把你的东西拿走……有一点大家要清楚，**功过不相抵，有功必赏，有过必罚**。人间所谓的功过相抵，天上是没有的。

大家都还年轻，从现在开始，起心动念就要注意。但最要紧的是，走得越远，越要回头看当初，这叫不改初衷。人不改初衷很难，刚开始大家都会说这一辈子要做一个堂堂正正的人，最后却被

**财神文化**

抓去关起来了。那么，为什么堂堂正正的会被抓去关起来呢？就是因为有钱有势了之后，无所不为。慎终如始很难，但是只要我们想做，就都能做到。

我们的圣贤都不是哲学家，他们从来没有把自己关在象牙塔里面，不食人间烟火。我们的圣贤所讲的话，都是很容易知道，很容易做到的。老子在《道德经》里面讲"吾言甚易知，甚易行。天下莫能知，莫能行"，我所讲的话大家都听得懂，也很容易做，为什么有那么多人听不懂、做不到呢？老子很感慨。我们现在一起来共同努力，不要让老子再感慨了，他已经感慨了两千多年，可以让他休息一下了。

## 拓展阅读

### 人生就是自作自受

"自作自受"，对任何人来讲都是很重要的，大家一定要谨记在心，因为人一辈子所有的事情都离不开这四个字。所以，我们要时时刻刻提醒自己，一切的后果都要自己负责，推给别人是推不掉的，因为这种因果法则是非常显然的。

一个人的过去固然已经过去了，但是一个人的现在就是他过去

## 第六集 人人必经鬼门关
### ——生无忧而死无惧

的点点滴滴累积而成的，这就叫自作自受。我常常跟人家讲，你现在二十岁，是这个样子，那你怎么会是这个样子？就是你从一岁开始一点一滴慢慢造成你今天这个样子，跟别人没有什么关系，不要去怪别人。你仔细去思量，没有一样东西不是自作自受的。你吃得太多，肚子不舒服，自作自受；你不练字，字就写得难看，自作自受；你不读书，就不明白道理，自作自受；你一天到晚跟电脑在一起，人变得越来越呆，自作自受；你生病了，自作自受；你为什么突然间胖了这么多，自作自受；为什么瘦了以后带来这么多问题，自作自受；为什么脑筋静不下来，还是自作自受。自作自受这四个字是宇宙间非常明确的一个因果法则，几乎没有人逃得掉。你赚不到钱，自作自受；你赚得到钱，也不过是自作自受。可见自作自受不一定完全是坏的，所以不要认为自作自受就是坏的，它没什么好坏。用这种观点来看，你就可以看得很清楚。

自作自受是不是表示说我跟别人没有关系呢？那就糟糕了，那就是过分了，就是偏道思想了。自作自受告诉我们，你跟别人是有关系的，所以我们讲完自作自受，马上提醒大家与他人有关，而且息息相关，整个宇宙都息息相关，千万不要认为自作自受就是与他人无关。那就是一偏之见，就有分别心。任何人的过去，除了这个人本身以外，还包括他的父母、祖先，包括整个家族、整个民族，甚至于整个人类，这些都是息息相关、互相牵连的，叫作牵一发而

## 财神文化

动全身。科学家已经证明了，北京如果有一只蝴蝶扇动翅膀，很可能就是纽约大风雪的起因，因为整个世界都是波动的，都是彼此影响的。所以不要以为说我们在这里，大概不会影响到欧洲，没有那回事。人类是息息相关的，老天爷把最毒的细菌放在热带雨林就是为了保护人类，可是人偏偏去砍伐、去烧掉热带雨林，使得那些最毒的细菌跑遍全世界，搞得无药可治，自作自受。可见，整个人类整个世界都是息息相关的，我们必须要把自己和他人合在一起，你才能够圆满。很多人讲独立只不过是嘴巴讲讲而已，因为任何人都不可能完全独立，所以自作自受只是说我要负责任，如此而已，不是说我跟别人都没有关系。

我们一方面讲，我是自作自受，一方面也要了解我跟所有人都有关系。换句话说，我们不仅仅跟人有关系，我们跟动物、跟植物、跟矿石都有关系。更加扩大一点儿讲，我们不是只跟地球上的东西有关系，我们跟地球以外的东西也有关系。整个宇宙都是息息相关的，这样的观念才是正确的。但是，我们一方面跟别人有关，另一方面要记住不能怨别人。

一切都是自作自受，你要怨谁呢？可是我们放眼看过去，大部分人都在埋怨，埋怨父母，埋怨老师，埋怨亲友……然后到处跟别人说，我没有碰到贵人，甚至否定贵人。我们要奉劝大家，你怪罪谁都没有用，你怨责谁也没有用。一句话，没有人会因为你的抱怨

## 第六集 人人必经鬼门关
### ——生无忧而死无惧

而改变，你骂死他，他都不会改变，除非他自己愿意改变，否则你再怎么样他都无动于衷。记住，要改变别人，最好的办法就是先改变自己。所以修己是最可靠的，修己是最有效的。

比如两个人吵架，你先改变自己，对他笑笑，他就开始缓和一点儿，然后你跟他讲一些好话，他就开始跟你讲好话了。要改变别人最有效的方式，其实是改变自己。然而我们搞错了方向，一直想尽办法要改变对方，所以就不断地抱怨，不断地责骂。想必大家经验丰富，应该知道这样做根本无效。

我们要了解，我们会长成这个样子，我们会有这样的命运，我们会走这样的路，其实都是我们自己选择的。以前我们不了解这些，总认为这是父母的遗传，这是后天的环境所造成的，我们为什么不想想，同样一对父母生下的子女就是不一样的，同样一种环境造就的人就是不相同的。有人因为家境很苦，就很奋发；有人因为家境很苦，就自暴自弃。有人因为家里很有钱，就好好拿来读书，成绩很好；有人因为家里有钱，就拿去挥霍，最后害了自己。可见环境不见得一定会使人走上什么样的路，遗传也不一定。那什么才一定？自己才一定，所以自作自受是非常重要的一个信念。一个人有自作自受的观念以后，才会停止抱怨，才会记住凡事要慎始。所谓慎始是一开始就做对，你就不会后悔。开始马马虎虎，然后做错了才来后悔，多少人一辈子都是在不断地后悔。

## 财神文化

记住，自作自受就是告诉我们任何事情你一出手就可能会犯错，所以你一定要想好了再说，想好了再做。同样你拜财神的时候，要想妥当了再去求他，而不是乱求，否则求到最后一无所得。财神看你这种态度，他会觉得你根本就是在开玩笑，那你开玩笑他也开玩笑，最后倒霉的一定是你。

凡事一开始就做对，不出手则已，一出手就命中，才是有功夫的人。我们要想清楚，你一开始就做错，就会一路错下去，那当然不得好死，当然是不幸。可是，大家也要很慎重，就算你慎始也不一定善终。所以我们这里再延续下去，一个人要停止抱怨，然后要慎始。慎始要很具体，就是说方向要正确，方法要有效，方式要合适，这样才有办法慎始善终。其实中国人很早就有《易经》的观念，《易经》就是讲因果报应。所以自作自受是说一开始就要注意，不是等到事后才后悔。

你去求财神，马上赚到了钱，从此之后什么道理都不听了，然后很快就栽跟头了，这种人实在太多，因为不懂得怎么样好好去善用钱，不知道它的来龙去脉，这种人没有钱还好一点儿，一旦有了钱准会受害。没有钱什么问题都没有，一旦有钱问题都来了，这就是事先没有做好准备工作，没有打好基础，然后就赚到了钱，结果不得善终。不得善终就是不得好死。我们一定要记住，东西来得快一定去得快。太容易得到的东西，你不会珍惜，它很快就不见了。

## 第六集　人人必经鬼门关
### ——生无忧而死无惧

经过你的奋斗，慢慢来的东西，才会善终。风水是轮流转的，贫贱不会长期不改变，十年河东十年河西，这才叫运。

我们看胡雪岩就很清楚了。胡雪岩一生从贫贱而富贵，再由富贵而一无所有，波动很大，他就亲自证明了一切果然都是自作自受。努力你会上去，一大意你就下来，不必等到什么三世因果，这是现世因果。胡雪岩就给我们证明了现世因果。他以一生的起伏，让大家体会到了天道循环的必然性、自作自受的真实性。他希望大家要很谨慎地去求，求什么？求四个字：慎始善终。再说一遍，慎始不一定善终，但是不慎始一定不得善终。善终就是好死。人生就是为了求得好死，求得善终。你出生的时候再辛苦也已经过去了，过去就过去了，现在要紧的是怎么去善终。很多人对死亡完全没有做准备，实际上，你明知道迟早要碰到为什么不做准备呢？一切都是人要负责的。

福祸无门，唯人自召，是祸还是福要看你自己，不是看别人。每一个人的命运都掌握在自己手中。要想赚大钱，可以，你要在求财神之外，做一些事情。哪些事情？八个字：诸恶莫作，众善奉行。我们要从小就开始养成做善事的习惯，否则有了钱以后你不一定舍得。但是如果说你为了做善事，就去赚不应该赚的钱，那也不叫善事。所以，先把善事是什么搞清楚，然后养成做善事的习惯，这个时候钱自然会源源不断地来。很多人根本不想钱，但是钱却一

## 财神文化

直来，就是因为他这条管道是最可靠的。财神爷不把钱从这条管道送出去，他怎么办呢？财神爷也要做一些事情，不然他对老天爷没法交代。就像管财务的人，并不是说把钱通通关在自己这里不动，那公司就完蛋了。钱是要周转的，不能周转就等于死钱，所以他会想办法用到正当的部门。财神爷要主动帮助你，就好像管钱的人一定要主动去找这个钱的出路一样。

诸恶莫作，众善奉行，这个时候你赚到钱以后，就可以趋吉避凶、得福避祸。自作自受的意思，就是避免上当，自求多福，我相信大家都可以做得到。

## 第七集　活着先过金钱关

### ——金钱观需从小培养

· 男人的第一关是金钱观，女人的第一关是爱情观。

· 我们一生的关卡，是自己安排的，绝对不是别人给我们设置的。

· 为了生存，为了改善生活，我们不能不和钱打交道。但是要记住，钱永远是工具，永远是手段，绝对不是目的。

· 小时候不能够乱花钱，小时候不能够拿家事来赚钱。

· 所谓终身受用的理财原则，归纳起来就是八个字：当用不省，当省不用。

· 人做向上提高品德的事情，就越来越接近天，越来越神；做向下拉低品德的事情，就越来越不像人。

钱不是万能的，但是没有钱是万万不能的。俗话说：人为财死，鸟为食亡。确实有些人为了钱财，丢了亲情，丢了道德，甚至丢了性命，可见金钱的诱惑力有多么大！可是俗话又说：君子爱财，取之有道。这个"道"指的是什么？如何才能避免落入金钱的陷阱，成为取财有道的君子？

## 第七集　活着先过金钱关
### ——金钱观需从小培养

我们说，男人和女人要过的关是不一样的。男人的第一关叫作金钱关，因为他一定要尽抚养家庭的责任，不得不面对金钱；而女人的第一关，是爱情关，所以我们只说女生情窦初开，很少讲男人情窦初开。男人的责任是养家糊口，女人的责任是把家庭安顿好。二者没有轻重之分，只有内外之别。可现在我们有志一同，全部都要向钱看，这个钱还不是前面的前，而是金钱的钱。这样大家才知道，为什么财神爷突然间兴旺了起来，因为多了一倍的人去拜。以前男人拜财神，女人拜观音，现在大家一起奔向财神庙。

实际上，人活着要先过金钱关。金钱关过不了，其他的关都不要谈。我们读《三国演义》，知道关公过五关斩六将，其实人生也是如此。只不过我希望大家了解，**我们一生的关卡，是自己安排的，绝对不是别人给我们设置的**。所以，孔老夫子教我们"不怨天，不尤人"。怨天尤人是没有用的，而且跟这些也没有关系。一切都是自己安排的，一切都是自作自受。大家花点儿时间去想想，

111

## 财神文化

为什么要这样安排，或许会想明白。但是孔老夫子说"五十而知天命"，要到50岁才想得明白。50岁以前想知道为什么这一生是这样的，恐怕有难度。

男人的第一关是金钱关，但是我必须要提出警告，有的人一辈子都过不了这一关。比如飞机上坐头等舱的那些人，他们的钱最起码已经够用了，但从上飞机一直到下飞机，满口都在讲钱，可见并没有过这一关。不管什么时候，只要你脑筋想的是钱，嘴巴讲的是money，就是没有过金钱关。当然，这在美国是非常平常的事情。在美国一打开电视机，讲的绝对都是钱，我们受这种影响太严重了。一个人什么时候能够不想钱，也不谈钱，那应该很值得庆贺，因为第一关终于过了。

金钱为什么那么重要？有一句话是大家都很熟悉的：钱不是万能的，但是没钱是万万不能的。一分钱就可以逼死英雄汉，不管你有多大本事，只要少一毛钱，买不到就是买不到。尤其今天，收银都用计算机控制，两百一十九块九毛九，差一分钱都不行。人怎么无情到这个地步？我常常劝很多父母，不要让你们的孩子接近收银机，否则一旦跟收银机处久了，就完全没有情感了。少一分钱有什么关系呢？我们以前是少十块钱都没有关系，以后再给就好了。这样人活得才更有价值。现在不行，斤斤计较，少一分钱都不能商量。为什么不能商量？因为我跟你好商量，老板就扣我的钱。你才

## 第七集  活着先过金钱关
### ——金钱观需从小培养

知道，原来黑心的不是他，是老板。老板为什么要躲起来？因为他的心已经黑了。很多事情这么一推敲，你就知道整个原因在哪里了。机器是没有情的，但人不能没有情，一旦搞到人没有情了，那是非常可怕的。

**现代社会，人们从衣食住行到实现理想，都离不开金钱。所以没钱的人，时时刻刻想赚钱；有钱的人，心心念念赚更多的钱。面对这种无奈的现实，我们如何才能摆脱金钱的束缚，闯过金钱关呢？**

为了生存，为了改善生活，我们不得不和钱打交道。但是要记住，**钱永远是工具，永远是手段，绝对不是目的**。我们现在就是把目的跟手段混淆了。如果钱是目的，你就变成金钱的奴隶了，做人毫无价值。人类很可笑，我们每发明一样东西，很快就变成它的奴隶。现在的人最妙，有了手机，从小就变成手机的奴隶，什么都可以不要，但不能没有手机，否则就好像没有命一样。没有父母没关系，没有手机不得了，有人甚至为了手机可以杀父母，因为父母不同意他换手机。不让他换手机，那他就换父母，这种人要了干什么？

人类的创造发明，本来是作为工具，帮助我们改善生活，但是

## 财神文化

最后都喧宾夺主。人，一直在沉沦。圣人告诉我们，一生不为物役，即不要做物的奴隶，讲得非常清楚。可现在，我们心甘情愿做衣服的奴隶，做电脑的奴隶，做各种名牌的奴隶。高尔夫球，就是用来惩罚有钱人的。有钱人出门什么都不带，甚至连信用卡都可以不带，自然有人替他打点好，但是却乖乖地背重得不得了的高尔夫球装备，那就是老天在处罚他。你有钱有什么用，乖乖地背这个。我们还可以不背，因为我们可以不打，他们却找很多理由要打。

我是最早公开反对打高尔夫球的人，有三个原因：第一，人生的时间非常宝贵，你玩几个大球就好了，偏偏去玩那个小白球，太没有志气了。第二，西方人可以玩，我们不能玩，因为我们中国的土地是很可贵的。中国的山太多，可用的土地很少，农田更是珍贵，你把它拿去做少数人浪费时间、浪费生命的玩意儿，完全没有良心。第三，最要紧的是，高尔夫球场是最污染的地方。但是我们就认为，这样才时髦，这样才现代化，无非是利字当头，没有好好拜财神爷，才会有这种错误的念头。想欺骗全天下的人，真是罪加一等。既然我们跟财神打交道，就要规范自己，要明确赚钱必须取之有道、用之有方。我们很快会讲到，我们要做财神喜欢的人，不要做财神不喜欢的人。一个人不受财神欢迎，那你跟他打交道是没用的，他根本不理你，你讨好他也没有用，但是你还不能得罪他。

现在很多人都说中国人很骄傲，这是不对的。中国人绝对不可

## 第七集　活着先过金钱关
### ——金钱观需从小培养

以骄傲，因为骄者必败。我们很自豪，因为有这么智慧的圣贤；我们一生很神，因为我们知道太多东西是西方人不知道的，是科学无法了解的。科学到现在都没有办法到达这个地步，因为它不神，不神才叫科学，神就不叫科学了。从这些观念去看，我们就知道到底要不要神。当然要神了，我们向财神学习，才知道怎么样把财运用得很神。我们有一套规律，就是先学会花钱，然后再学怎么赚钱。

马云在成为中国首富之后，曾经说"花钱比挣钱难多了"，为什么马云认为花钱更难？花钱究竟有哪些门道？人生最爽的事就是"花钱如流水"，花钱太简单了，难道还用学吗？

很多人认为，赚钱都来不及，还去学花钱干吗？花钱太简单了，根本不用学。实际上，总有一天你会发现，赚钱其实是很容易的，而花钱却是非常困难的。如果你在银行有存款，进去领钱有什么难的？赚钱就等于到银行领钱，没什么难的，可是领出钱来之后，做什么用才麻烦。很多人一领出来，钱就不见了，或者被骗了，然后叫苦连天。这不是自找麻烦？有人说我用来做好事，做好事也是找自己的麻烦。

记住一点，做好事是不能留名的。高调行善，完全是自找麻烦。我今天捐了100万给某基金会做慈善，只要我不张扬，心安理

**财神文化**

得，就没事。一旦张扬出去，你马上会发现亲戚特别多，八竿子打不着的姑姑都冒出来了，跟你说，寄200块给我吧，你100万都可以捐，给我200块不算多吧。然后朋友也来借钱，国税局也来查账……《易经》讲得很清楚，"有不速之客三人来"。不请自来，谁叫你要高调行善？而且高调行善的人，是没有功德的。这点达摩讲得最清楚，一个人存心做功德，就已经没有功德了，那是想沽名钓誉，是想赚其他的钱。这样你才知道，为什么中国人捐钱都用无名氏。我连名都不要，动机非常纯正，没有人会怀疑我，绑票集团找不到我，亲戚朋友也不会来。你为什么不懂这个道理呢？还有人故意把钱摆出来，那别人一定会想这个钱是哪里来的，这样的话，你不是很糟糕吗？不是很倒霉吗？所以，一个人必须要动机纯正，否则别人一旦怀疑你动机不纯，那你所有的作为，明明是正的，也被扭曲了。

滥用钱叫浪费，财神最不喜欢浪费。财神心里想，让你浪费还不如我浪费好了，我干吗给你浪费？有钱不用，财神更不喜欢，他会想钱守在你那里还不如放在我这里。这样将心比心你就知道，理财不是那么容易的事情。现在银行所谓的理财，只是想把你的钱放到他的口袋里面，没有其他的作用。想尽办法把你的钱放到它那里，哪一天你因为某些原因领不出来的时候，钱就是它的了。我这样讲没有诬蔑银行的意思，但是全世界都知道，银行就是你想要借

## 第七集　活着先过金钱关
### ——金钱观需从小培养

钱的时候，它不借给你；你不想借钱的时候，它拼命叫你来借钱。外国人都把银行形容成"下雨天它就把伞收回来，出太阳它就把伞打开"。但是银行嘴上讲的都是为民服务。

一个人的动机，跟他的行为要一致。否则财神最清楚，这家伙专门讲好听的话骗人，所以明明是他的钱，也不给。这不是财神营私舞弊，而是保护他，怕他乱做事。我们这样就慢慢了解了财神，就有办法跟他接近，他就会保护你，然后你就可以比较顺利地去理财。财神最怕你滥用钱财，因为这是他的职责。你必须要会用钱以后，他才愿意把钱给你。现在银行也慢慢走上这条路了，就是你要领钱的时候，它先问你领钱做什么用。你说这是我的钱，你管得着吗？它说不行，你得告诉我，因为可能是诈骗集团要骗你的钱。这种事不是没有，有人这么一转，几百万就不见了，叫苦连天就晚了。所以银行会问你到底做什么用，如果它觉得不可靠，就会提醒你再考虑考虑。可见，银行也在慢慢扮演现代财神的角色，只不过它没有那么神而已。财神比银行神，因为他知道很多，银行只知道那么一点儿，不同就在这里。

**怎么样学会花钱，是要从小培养的。** 想必大家都看到过，有钱人经常不会花钱，这样我们才知道，为什么孔子会讲"为富不仁"。孔子从来不随便讲话，他没有讲贫穷不仁，因为贫穷的人不可能不仁，就算想不仁，也表现不出来。天底下只有富人会不仁，

**财神文化**

因为富人有仁的资格，有仁的条件，但是不仁，孔子就骂这样的人"为富不仁"。不是为富可怕，而是不仁才可怕，这话已经讲得很清楚了。老天不在乎一个人有多少钱，因为就算有再多的钱，对老天来讲也不过是一点点，没什么好神气的。老天只在乎一个人有钱，但不会用，或者用错了，这不可以。因此，我们必须要从小培养孩子正确的金钱观，所以妈妈的责任其实很重大。

现代社会物质丰富，有些家长忽视了培养孩子的金钱观，导致孩子一味索取；还有些家长向孩子传递了错误的金钱观，导致孩子唯利是图。那么，什么是正确的金钱观？又该如何从小培养呢？

作为妈妈，从小就要告诉孩子，你看爸爸为什么常常不在家，因为钱是不容易赚的，我们不能随便花，而且用钱要做计划，要先想一想，否则你要用的时候，没有钱是很痛苦的。你为什么不教他这些？现在都是这样，孩子说我要这个要那个，不给买就哭。你去问他为什么这样，他会说因为爸妈不买给我，他们不喜欢我。你说你爸妈不是不喜欢你，而是没钱。孩子说怎么没钱，他们把那小卡片一插进去，钱就出来了。可见，孩子整个金钱价值观都是混乱的。所以妈妈一定要跟孩子说，这个卡是没有钱的，是我们把辛苦赚的钱存在银行里，银行替我们保管，这样卡插进去才能领一些

## 第七集　活着先过金钱关
### ——金钱观需从小培养

钱，而且领多了银行是不给的。妈妈这样做，孩子从小就知道用钱是要有额度的，是要做计划的。**从小培养孩子对金钱有一个初步的价值观，然后随着孩子年龄的增长，再阶段性地去培养他正确的金钱观念，这在家庭中完全可以做到。**

现在还有很多父母自认为很开明，很现代化，用金钱来衡量家事。告诉孩子，洗碗一次给五块，拖地板一次给六块，帮什么忙给多少钱。这实在非常糟糕。有一个妈妈病得很重，躺在床上跟她女儿讲："女儿，妈妈病得不能动了，今天洗衣服洗碗拖地，通通你包了，特别给你五十块。"女儿怎么回答？她说："妈妈，我今天不想赚这个钱。"妈妈听后，心绞痛得不得了。她可以不想赚这个钱，你能有什么办法？这就是现代化的结果，现代化是很肤浅的东西。这又算什么教育呢？父母自己都不具备正确的金钱价值观，怎么能教育好自己的孩子？

**做家事是一种责任感的培养，那是金钱没有办法衡量的。**既然是一种责任，怎么能是赚钱的机会呢？如果孩子说，妈妈，太好了，五十块钱给我，我来做。然后就开始祈祷，最好妈妈天天都生病，我一个月就可以赚一千五百块，发财了。那人性不是更可怕吗？这样大家才知道，教育的功能、教育的效果，是差之毫厘，失之千里的。由此可见，妈妈在家里面是非常重要的，是阿姨代替不了的。阿姨会告诉孩子，不错，机会来了，分十块给我，我帮你

## 财神文化

做。如果孩子从小就会这一套，那将来一定是奸商一个。

其实在全世界，中国人是最会做生意的，不要小看中国人。有一次我在纽约，跟犹太人吃饭，那个犹太人跟我讲："你们中国人最会做生意。"我说："你讲这话有什么用？全世界的人都公认你们犹太人最会做生意。"他说："就是这一点，把我们给害死了。大家看到犹太人，警觉性都很高，觉得我们太会做生意，处处提防，我们一毛钱都赚不着。反而你们中国人都说不会做生意，结果通通赚到了。"人怕出名猪怕肥，"会做生意"一出名，就赚不到钱，所以很多人真的不了解中国人。我们中国人从商朝开始，就是生意人，这样你才知道，为什么老天一定要把商灭掉。老天要灭一个朝代，不是无缘无故的，它一定有用意。周起来以后就开始修文，因为会做生意的人，更需要有文化做基础，否则太可怕，唯利是图，奸商一大堆，把国家民族的命脉都会整垮。

**小时候不能够乱花钱，小时候不能够拿家事来赚钱，这都是最基本的概念。** 进入小学以后，父母每天给孩子固定数目的钱，但他回来要跟你讲做什么用了。随着孩子长大，一定要他提出用钱的计划，你才可以给他，而不是说家里有钱，随时可以拿。人，一定要知道金钱是有限的，不可能无限。这样，你就在慢慢培养一个可以让子女终身受用的理财原则。

## 第七集　活着先过金钱关
### ——金钱观需从小培养

金钱是有限的，可人对于金钱的欲望是无限的。因此现代社会中，理财产品、理财专家、理财公司大行其道，但是会理财就能发财吗？接下来，我要提到一些能让人受用一生的理财原则，请大家一起讨论。

所谓终身受用的理财原则，归纳起来就是八个字而已：当用不省，当省不用。再大的公司，其理财原则也是这样，国家更是如此。当用不能省，当省不能用，哪怕一块钱也不能用，因为一万块钱，就是由一块钱累积而成的。不要小看一块钱，不要认为一块钱不重要，用了再说，不可以。因为那没有大小之分，只有可与不可、当与不当之别。这样的观念就很正确。

子女再大一点儿到了大学，父母就告诉他，你把这学期计划所要用的钱，包括学费、生活费、杂费等等，通通写出来，我们一起商量，目的是要养成子女有计划地去用钱的习惯。子女要用钱应该提前告诉家人，而不是随时打电话来，那不可以。如果你的子女当班级干部，你就要告诉他公私财产要非常清楚，公家的钱一毛都不能动，私人的不够可以跟家里商量，绝不能动用公款。其实，很多人就是因为从小没有接受这样的训练，等到非常有成就时，有一天把公家的钱汇入私人的账户，就出事了。他很冤枉，但是别人不会谅解他，这岂不是害了自己终身？他也许不知道，也许无心，也

## 财神文化

许认为这样比较方便，可以随时转回来，但是今天什么都是有记录的，就好像财神随时在那里做记录一样。

其实真正讲起来，今天神佛已经现形在我们的附近了，已经形成社会制度的一部分，所以我们更不能掉以轻心。这样的话你就有保障了，有保障以后，他就放心地让你领取自己合法的钱。领取合法的钱，也叫作赚取合理的利润。义跟利是合在一起的，不义之财绝对不要，义之财不能不要。义，其实就是合理。合理的钱，一定要赚；不合理的钱，再多也不要。

有一次，一个组织请了当地最有钱的人，跟我一起吃饭。我坐在那里，旁边的人一直告诉我他什么都有，不管是私人小岛，还是飞机。他只问我一句话："你看我怎么样？"我说："你内心不安。"他马上乱跳道："我有什么不安？我赚的钱都是合法的。"我说："合法不一定合理。你这么一跳就是不安，你如果安，我再讲十句你也不会跳道。"他听后一句话都没有讲。合法不一定合理，中国人比较高明，只讲合理不合理，不太讲合法不合法。法有时候规范不到，因为都是事情发生之后，才立法来规范。而理是有远见的，先有理，后来才有法。我们是从理里面提炼出一些法来的。

千万记住，一个人要赚合理的钱，而不是那一句非常可怕的话——只要合法，什么钱都可以赚。这种人是没有良心的。我们讲

## 第七集　活着先过金钱关
### ——金钱观需从小培养

这些，始终围绕着一个主轴，就是一辈子只有能够帮助自己提高品德的事情，才可以做；凡是伤害自己品德的，把自己品德往下拉的事情，通通不能做。一句话，**一个人做向上提高品德的事情，就越来越接近天，越来越神；做向下拉低品德的事情，就越来越不像人**。这个上下，是每一个人自己可以做主的。所以中国人为什么一辈子很争气，一辈子向上，是有道理的。我们的祖先已经培养了我们一股向上的力。中国人都很争气，很少自甘堕落。自甘堕落的人都是很冤枉的，因为小的时候妈妈没有教好。

以前，有一个人犯了死罪，要斩首了，问他最后有什么要求，他说想见妈妈一面，于是就请他妈妈过来。他说："妈妈，我想吃你的奶。"妈妈很感动，孩子到现在还记着要妈妈喂他，就给他吃。他一口就把妈妈的奶头咬断了，说："你从来没有好好教过我。"这是多么惨痛的事情。

很多人真的不知道妈妈的可贵，总想着把她推到社会上去，叫她去赚钱。男人为什么命苦？就是没有机会负这么神圣的责任，因为他没有机会生出小孩儿。所以，我一向不讲什么男女平等，男女绝对有别，但不平等。中国人永远推崇妈妈，妈妈的地位永远高于爸爸。比如，母亲节一到，全家总动员；可爸爸一过节，只是说声父亲节快乐罢了。从这里可以看出，我们的内心对母亲是非常感谢的，一辈子不会忘记。

# 财神文化

## 拓展阅读

### 男人和女人的五关

男人和女人,一生当中都有五个关卡。因为在生理结构上不一样,在精神心理方面也不相同,所以男人的"五关"和女人的"五关"也有所差异。

女人所要面临的第一个关卡,是"情关"。想想看,情窦初开的都是女性,男性那时候还处在糊里糊涂的阶段。这样我们才知道,对于女儿的爱情观要趁早开导,而不是让她自行摸索。闯过了情关,第二关是婆关。十个媳妇八个跟婆婆处不好,这一关很难过。婆关过不了,家庭很难和谐幸福。好不容易婆关过了,产关又来了。女人生孩子这一关,不管今天的医疗技术怎么发达,总归是很危难的。过了产关,还有一关,叫作异性关。所谓异性关就是先生可能会有外遇,而太太也可能看上别的人。因为这个时候婆婆那一关已经过了,子女也稍微长大些了,夫妻的想法就开始不一样了。

最后一关,是女人很不好受的一关,叫作守寡关。中国人有一句话叫"有福之人夫前死",就是说能够死在丈夫前面的女人,是最有福气的。但是现在很少了,因为女性的寿命普遍都比男性长。先生去世了太太还活着,又能怎么办呢?

## 第七集　活着先过金钱关
### ——金钱观需从小培养

很多女人到了四五十岁，连第一关情关都没有过，那她的价值在哪里呢？情关过了，却始终跟婆婆处不好，婆媳之间真的有那么复杂吗？婆关过了，想生男孩儿的偏偏生了个女孩儿，想生女孩儿的又偏偏生了个男孩儿，还有想生根本就生不出来的……然后碰到异性关就更惨了，因为不管是哪一方有婚变的话都不是好现象，而最后一关更不是任何人所能控制的。慢慢看女人的一生，就是这么简单的几关而已。

男人要过的五关，跟女人不一样。男人的第一关，是金钱关。以后碰到男人，如果开口钱闭口钱，满脑子都是钱，你就可以判断，他一辈子连第一关都没有过，这样的人非常可怜。当男人有了一点儿钱之后，就进入第二关，叫作名关。凡是名片拿出来头衔一大堆，正面印不下还要印背面的，都是名关没有过。加上那么多头衔给谁看呢？第三关难度更大了，叫作美人关。男人没有钱、没有名，没有女人找。可是有钱有名的时候，其他女人就慕名而来了。

中国只说男追女，不提倡女追男，是什么道理？因为男追女隔座山，女追男隔层纱。女人一旦追求男人，男人很难过得了美人关。很多男人只看到眼前，想不到以后：现在觉得三妻四妾很有福气，可是几十年以后，要同时服侍好几个老太婆，会有什么感想？男人如果想到这点就明白了，到了六七十岁有一个老太婆跟着就足够了。

## 财神文化

美人关过了,第四关更难过,叫作宗教关。我不信仰任何宗教,但是尊重所有的宗教。很简单,你跟我画十字,我就跟你画十字,你跟我"阿弥陀佛",我也跟你"阿弥陀佛",你对我怎样,我就回敬你怎样。因为多几个神保佑不是更安全吗?

很多职业的人最后就陷在了宗教关里面。比如很多医生到了老年,整天拿个木鱼"当当当"地敲,因为他不敢想以前的事情。人年轻的时候会想以后的事情,而人老了以后,最大的毛病就是喜欢想以前的事情。尤其是内科医生,一到老年,想起以前的事情:糟糕,人家的胃本来没有毛病,我却把它割掉了;人家本来不会死的,我把他医到死……越想越不敢想,赶快"当当当"地继续敲木鱼。还有当律师、当法官的,年纪大了的时候,都是"当当当"。人家明明没有罪,别人给我点儿钱,我判他三个月,从监狱里出来,太太跑掉了,妈妈也不认他了,搞得他家破人亡。很多职业的人,到最后都是在"当当当"的木鱼声里面打发余生的。

男人的最后一关是最难过的,叫作艺术关。有人花几百万买块石头,把它当成宝贝,白天看,晚上看,就差睡觉的时候搂着一起睡了。你说他神经病,他便跟你天花乱坠地讲个没完没了。有必要吗?这是男人糊涂的地方,从这里也可以得出男女是有分别的。

## 第八集　财神是一个集团

### ——财神就是生财聚财通财之道

- 五路财神，指的是中路武财神赵公明，以及他的四位部将——东路财神招宝天尊、西路财神纳珍天尊、南路财神招财使者、北路财神利市仙官。
- 我们只能赚人间的财，不要去赚上天的财，也不要去赚地下的财。上天的财跟地下的财，一个是神财，一个是鬼财，都是偏财，不是正财。
- 非分之求是没有用的。一个人让神佛很勉强的话，最后自己是没有好结果的。
- 我们必须通过那些假的东西，才能修到真的东西。真的东西，就是品德。
- 财神就是几个道而已：生财之道，聚财之道，通财之道。
- 人活着就是要改变自己的命运，而不是听从自己的命运。

说起财神爷，不同行业、不同地方所供奉的都不一样。财帛星君李诡祖，在民间最受欢迎，而做生意的流行拜关公，此外还有比干、范蠡、子贡等等，为什么财神没有一个统一的形象？人们为什么把这些财神都称为"财神爷"？而想供奉财神的人们，又应该如何进行选择呢？

## 第八集　财神是一个集团
### ——财神就是生财聚财通财之道

　　我们终于要跟财神见面了，财神是一个集团，不是一个人，就好比财神是国有企业，而不是个体户。如果财神是个体户，你就不敢相信他，因为他的财力那么单薄，还怎么相信？人越多，组织就越庞大，而且人多了以后，财富也会大量增加。

　　我们首先要很清楚，钱不是天上掉下来的，因为天上不允许有任何东西，只要有一点点重量，就会往下掉。所以不要去想天上会掉下钱来，那是不可能的。

　　其实，今天科学已经初步了解到，宇宙是一个超大的信息场，它里面包含各种信息。每个人一生下来，就有一个信息库。以前我们还要算八字，还要看其他信息，现在都不必了。只要知道某个人的名字，就可以直接把他的资料库调出来，所有的信息都在里面。现在个人的资料经常会泄密，其实防不胜防，不管你怎么保密，人家在几万公里以外瞬间就把你的资料调出来了。从这个角度来看，只要你有那样的本事，不必通过科学工具，都可以做到。最好的电

**财神文化**

脑，就是这个。所有人造的电脑，都远远不如。它就在那里，不需要提手，也不必插电，说上网就上网，这才厉害。人造的跟它比差得太远。只要你懂得那个方法，随时上网，就能将你的资料全部调出来，非常清楚。只是你自己要去修炼，才知道这一辈子大概有多少钱，应该怎么用，就不会做非分之想，这就叫修。现在的修跟以前的修还不太一样，以前叫苦修，现在主张乐修，就是要很轻松愉快地把这些道理都搞清楚。我们说某个人脑筋清楚，其实是他的磁场理顺了，如此而已。你把频率调对了，然后把磁场对准了，随时可以得到很多信息。

现在，我们要把财神的历史看一下。神也是分时机的。我们今天叫财神爷，绝不是他一出来就叫财神爷。刚开始是叫财神，由于一代一代传下来，他的辈分一代比一代高，到现在才叫财神爷。这是大家一定要搞清楚的。人也是如此，我们前面有很多祖先，从祖先到我们，辈分越来越低。在当年很年轻的，现在来看已经很古老了。有些神，叫古神，或者叫古佛，那是道所生的，是先天的。有的神是皇帝封的，比如关公；有的神是老百姓供奉的，比如范蠡。大家慢慢去了解就知道，这是个庞大的集团。所以，你要自己去选择，选择跟你的频率接近的神，否则就没有感应。

我们对神，千万记住一点，不要去讨论。神要不要穿衣服，要不要用钱，不要讨论这些，因为那永远没有答案。孔子告诉我们，

## 第八集 财神是一个集团
### ——财神就是生财聚财通财之道

神是无形无体的。你讨论形体，就很搞笑。我们要讨论的是跟他有没有感应，这是最重要的。没有感应，就表示他跟你没有缘，你就得找其他的了。就好像现在的银行分工，有的是商业银行，有的是农业银行，有的是处理这个的，有的是处理那个的，你办事要找对银行才方便，这是同样的道理。

拜财神讲求缘分。那么，财神集团中究竟有哪些成员？他们又各自有着什么特征？我们该怎样判断跟哪个财神有缘呢？

最早的财神是五路财神。现在有人说六路七路，都是乱说。为什么叫五路？就是你有五个手指头，要靠自己的双手去努力。你的五路财神就在这里，而你却总是到庙里头去拜，那一毛钱都赚不到。人很奇怪，总是讲要勤劳，要负责，却总是做不到。所以，圣人才把神创造出来，让我们有一个摸索，有一个学习的对象，但是最后还是要回归自己。五路就是五路，五伦就是五伦，不要自作聪明叫六。六，跟溜来溜去的溜是一样的。我们讲六六大顺，其实就是在警告，六六是不顺的。我们都是到五为止，比如九五之尊，没有人说上六之尊。因为上六表示已经过去了，已经不尊了。很多人真的不了解，还自作聪明，改来改去，只会越改越乱。

五路财神，其中一个居中，其他四个居东南西北。东南西北

## 财神文化

中，没有上下，这是什么原因？就是说，我们只能赚人间的财，不要去赚上天的财，也不要去赚地下的财。上天的财跟地下的财，一个是神财，一个是鬼财，都是偏财，不是正财。所以，不要以为你想搞殡葬业就可以搞，没那么简单。殡葬业不是一般人可以做的，因为那属于偏财，要有那种缘分才可以做，没有就算了。千万不要说你正好失业了，没有事情可做，就来赚死人的钱，这个钱不好赚。五路财神，分东南西北中，就是说我们只能赚人间的财，其他的不要去想，这样比较安全。

现在赵公明的辈分已经很高，所以我们称他为祖师爷，但不是一开始他就是祖师爷，这一点千万要记住。赵公明是居中策应，相当于大拇指一样。这样我们才知道，男人要过金钱关，大拇指非常重要。东南西北就是四个手指头，东路的叫招宝，南路的叫招财，西路的叫纳珍，北路的叫利市。我们一听这个就知道是人造的。招财、招宝、纳珍、利市，在商朝就有了。可见，商朝就是商人的天下，所以不要说中国人不重视商人。中国人很早就知道商人很重要，但是身为商人，最忌讳的就是唯利是图。不要老想着赚不是人间的财，那是非分之财、不义之财。

五路财神就是来告诉我们钱是什么的。一句话，打开每一个铜板，都是血跟泪、血跟汗，因此叫血泪钱、血汗钱。意思就是说，辛苦得来的，才是真实的财富。那种买空卖空的，不踏实，要特别

## 第八集　财神是一个集团
——财神就是生财聚财通财之道

小心。现在有一部分人，专门喜欢做那种事情，你去看看他们的生活是怎么样的就好了。其实他们没有赚到一毛钱，只是赚了个数字，然后就亏了。一毛钱都没有看到，还整天晕头转向，饭也不能吃，这有什么意思？当然，我们还是尊重他，因为这是他的专业，他自己愿意，我们也没有话讲。但是你愿意你的子孙去做那个吗？你要负一点儿责任，别人怎么样是他家的事，我们没有权利过问，但是你们家怎么样，你是要负责任的。

老实讲，像金融危机这种事情，绝不是搞会计、搞财务的人所能够做得出来的，因为学财务、学金融、学会计的人，脑筋都没有那么好。反而学物理的才会精算，他们写出来的数字，是没有人看得懂的，甚至最后连他们自己都看不懂。美国的雷曼兄弟，最后宣布破产，搞得天下大乱。过了几年才知道，原来没有破产，还有很多资产，只是当时没有算出来而已。这个问题到现在都不知道怎么办。

实际上，公司买卖很容易，资产有多少，采取何种买卖方式，多少现金，多少远期支票，很快就谈成了。但是美国的公司要买卖，最少谈一个礼拜。大家知道真相吗？其实第一天上午就谈完了，但是双方律师认为如果这么快谈完了，他们就领不到多少钱。于是继续喝咖啡，继续谈，谈一个礼拜，可以收七倍的钱。所以他们出来之后就显得很紧张，说还有很多细节没有谈好，甚至有时候一谈就是一个月、一年。他们花这么长时间解决，就叫专业；你们

# 财神文化

两个钟头谈完，就是不专业，就是不懂得怎么赚钱。但是他们所赚的钱，都是上下的钱，不是东南西北中的钱，最后只能自作自受。我再三强调，我们没有权利批评任何人，也没有权利去干涉任何人，我们只是希望大家对这些事情有一个明确的了解而已。

中国民间自古就有拜五路财神的传统，寓意收尽东南西北中五方之财，主要是为了寄托避邪除灾、迎祥纳福的美好愿望。这五路财神分别为中路武财神赵公明，以及他的四位部将——东路财神招宝天尊、西路财神纳珍天尊、南路财神招财使者、北路财神利市仙官。

五路财神都是有名有姓的，这才值得我们重视。其实，中国所有的神都是人变来的。为什么会这样？因为神由人变，才了解人间真实的状况，才能够了解人性。由做过人的神来掌握天庭的事情，才能够跟人间有密切配合。这样大家才知道为什么全世界只有中国有天朝。现在很多人都在笑这一点，其实他们真的不懂。外国人是没有天朝的，我们真的有天朝，就是说人间有这样一个朝廷，天上会有一个同样的朝廷跟它对应。人间是天子做领头，天上是玉皇大帝做领头。人间有财务，天上就有财神。可以说，人间有什么，天上就有什么，这是我们非常特殊的一种文化。

## 第八集　财神是一个集团
——财神就是生财聚财通财之道

　　神也有专管的事情，所以不要乱找。有人去找关公说，让我生个男孩儿吧。关公就觉得很好笑：你找我让你生个男孩儿，找错人了，你应该找送子观音。自己不搞清楚，就来乱拜乱求，怎么可能有效果呢？现在庙里都是一尊神在那里，都没有写清楚是谁，而且被熏得黑黑的，你看了半天，也不知道他是谁，于是一边拜一边想：管他呢，我很忙，你给我儿子就好了。这就是不敬，天下大乱也是这样造成的。明明有送子观音，你不求，却去乱求。

　　很多事情，把来龙去脉搞清楚，就知道非分之求是没有用的。一个人让神佛很勉强的话，最后自己是没有好结果的。那该怎么办？最后还是两个字：合理。天理是求合的。天上人间也常常在调整，人间有什么变动，也会牵动天上的变动。他们也慢慢在现代化，只是不能西方化而已。如果西方化，玉皇大帝变成上帝，那就没有玉皇大帝了。我们从这里也可以类推自己该怎么走。

　　五路财神代表的是什么？就是告诉我们要勤劳，要认真，要自己掌握得住的钱，才可以赚。老天一直告诉我们，钱财是生不带来，死不带走的。鬼门关就在那里，只有灵魂能过去，一切有形的东西，都被挡住，因为那是全世界通关最严的地方。我们这里通关还可以限定带20公斤东西，只要安全就可以带走；那边是毫不留情的，不管你是谁，不管你有几栋房子，有多少存款，有多少名牌，全都带不走。鬼门关是全世界边防最严格的地方，毫无私情可言，

## 财神文化

所以它非常公正。而且它告诉我们，所有有形的东西，都是空的。佛家也一直告诉我们，一切皆空。既然如此，我们还要忙什么呢？就是因为我们是借那个假的，来修这个真的，否则就修不了。不管是佛家，还是道家，都告诉我们借假修真。也就是说，*我们必须通过那些假的东西，才能修到真的东西。真的东西，就是品德*。你看不见，便认为它是假的，而假的东西正是你所看到的实实在在的东西。真真假假，假假真真，原来真的都是假的，假的都是真的。我们了解了这个，就不会迷惘。你为什么会迷惘？就是因为活着的时候认为所有有形的都是真的，等到往生了，在一刹那之间它们都变成假的了。到那个时候你才想到原来自己一辈子都在忙假的，岂不是很失望、很后悔吗？

实际上，我们跟所有的神明打交道，他们都在提醒我们一生的努力都是真的，但是你要以你现在认为是假的那一个做你的核心价值。不管求名还是求利，都是为了自己品德的增加。*我们做任何事情，只有一个总目标，就是不断提升自己的品德*。因为只有品德到你死的时候，会突然间变成真的，你带着它经过鬼门关，是可以走贵宾通道的，下面是红地毯，你走进去，这一辈子没有白活。否则的话，旁边两个，拿着刀枪，就押着你进去了，那时候你就很伤感。活着的时候不可一世，怎么突然间这么凄凄惨惨？就是这么简单的道理，没有太神秘。老子告诉我们玄之又玄，就是当你知道这

## 第八集　财神是一个集团
——财神就是生财聚财通财之道

些玄的东西原来不玄的时候，它就一点儿不玄了。

信神拜神在很多人看来，也是很玄的东西，其实拜神就是为了提醒自己好好修德。拜财神，就知道如何赚取合理的钱财。然而财神不是拜了就灵验的，我们究竟该怎样跟财神打交道呢？

怎么跟财神打交道？我们提出四点，这也是我们后面四部分要一一讲清楚的。

第一，要明白财神的特征。我们跟任何人、任何神打交道，都要先搞清楚他的特征是什么。千万不要存心去讨好他，也不能不知不觉去得罪他。我一再重复这两句话，就是中国人是没有办法讨好的，中国人是得罪不起的。世界上有一个民族，你是讨好不了的，也是得罪不起的，这个民族就叫中华民族。我们问问自己就知道了。想讨好你很难，他越想讨好你，你越提高警觉，因为我们中国人的警觉性非常高。得罪了你也没完没了，因为中国人是全世界报仇心最强、报仇期最长的人。你跟外国人道歉，他说算了，就真的算了。你跟中国人道歉，他说这算什么，我老早就忘记了，但是照样整你。这才叫作英雄本色。我们真的要好好了解一下自己，不要拿外国人的标准来看中国人。

第二，先做财神的同道。我们要跟财神走上同一条道去。中国

## 财神文化

人是道不同不相为谋，你跟他同道，他就认可你，照顾你，关心你；一旦不同道，你怎么求他也没有用，而且他还会离你越来越远。我们要先弄清楚，**财神就是几个道而已：第一个叫生财之道，第二个叫聚财之道，第三个叫通财之道**。有人生了很多财，但是一下子不见了。这就是漏财，漏财的人是最伤脑筋的，不管赚多少，全都守不住，因为他没有财库，所以漏财是很可怕的。漏财是你自己从小培养的坏习惯。有人说从相貌上可以看出来，其实相貌只是把你的心态表现出来而已，你可以改变它，不是它来控制你。相，表现的是你现在的状况，但不会控制你。只要心一改，你的相貌就改了。本来漏财的，突然发现最近却不漏了，就是因为你的心态调整了。**人活着就是要改变自己的命运，而不是听从自己的命运**。

第三，自己求合理应变。我们不要想去改变财神，而是要先改变自己。你跟财神同道，大同小异之间，那个小异要靠你自己去调整，我们不可能改变财神，除非你另外选一个。既然选了他，他跟你还是有些差异性的，这个差异性你自己要去调整，这就叫自修、自律，是你自己必须要做的事情。

第四，德本财末才合道。德是根本，财富是因为品德的需要而来帮助自己的，如果明白了这点，我们对金钱就会有很正确的认识，跟财神也会走得更近，然后财神对我们也很放心。好比现代社会，你在银行有高度的信用，银行觉得你这个客户没有问题，你

## 第八集　财神是一个集团
### ——财神就是生财聚财通财之道

要贷多少钱，都会贷给你。这也是你自己辛苦建立起来的信用，不是说银行对每个人都这样。这个时候你就知道，财神是站在你这一边的，而且对你来讲，财神是实实在在的，他不会让你因为钱而发愁，不会让你因为钱而养成坏习惯，这才叫作双重保险。

一个人一天到晚总想着钱，就是第一关金钱关都没有过。如果一个人一辈子连第一关都没有过，那后面的日子，还有什么好过的？现在太多的人，第一关都过不了，真的很可怜。金钱关过了以后，第二关就是名关。因为人有钱了以后就想求名。如果名关也过了，第三关就是异性关。有钱有名了，小三就来了。没钱也没名，你找她，她都不理你。小三专门等谁有钱有名了，就来了，笑嘻嘻的，很可爱，那就是魔，一定是魔。这一关也过了，第四关是宗教关。宗教关不容易过。好不容易宗教关过了，最后一关叫艺术关。把所有积蓄提出来去买块石头，并认为是无价之宝的，大有人在。我们没有反对收藏艺术品，只是艺术品的价值是要用来欣赏的，而不是晚上还要抱着它睡觉，藏着不让别人看，那就叫物役了。

其实，财神对这方面是有意见的，他给你的钱是要活用的，这样才能够回馈社会，才能够帮助大众。你拿来全都变成奇珍异宝，就没有流通性了。如果你拿一部分来做，他很赞成，因为你是在保存文物，但是你拿所有的钱来搞这个，他就觉得很可惜。这个度很重要。任何事情到最后都是一个度，度掌握得好，释迦牟尼佛就讲

139

## 财神文化

阿弥陀佛；度掌握得不好，孔子就骂人了——好好的人不做，做这种事。我们每时每刻，都没有离开我们的圣贤，因为他们随时都在关注我们，都在帮助我们。用一句话来总结，道永远在我们的身旁，不可须臾离也。

### 拓展阅读

#### 五路财神

五路财神是汉族民间普遍信奉的神明，分别为赵公明及其四位义兄弟或部将。

除了中路为武财神赵公明外，其余四路为东路财神招宝天尊萧升、西路财神纳珍天尊曹宝、南路财神招财使者陈九公、北路财神利市仙官姚少司。

这五路财神的故事可从一部中国的古典名著《封神演义》中探得其来历。赵公明是在开天辟地时修成大道的，法力通玄，本来三山五岳任其逍遥，奈何烽烟四起，神仙也不能置身事外。在商朝太师闻仲的邀请下，赵公明伙同其他几个截教的神仙萧升、曹宝、陈九公、姚少司等与西

## 第八集  财神是一个集团
——财神就是生财聚财通财之道

岐军队大战并屡败对方，一时声威大振，奈何截教违反天规，最终被辅佐西岐的正道阐教神仙所杀，魂归封神榜。

待战争结束，姜子牙封神时，感其忠勇，赵公明被封为金龙如意正一龙虎玄坛真君，率领四部正神招宝天尊萧升、纳珍天尊曹宝、招财使者陈九公、利市仙官姚少司，主迎祥纳福，管天下财运，故俗称财神。

## 第九集　明白财神的特征

### ——因应人不同的需求而有差异

- 人想去跟财神打交道，首先心里要有敬意。
- 要改变任何事情，唯一有效的办法，就是改变自己。
- 一个人有多大能耐，才可以向财神要求多大。
- 小富由自己，大富要由天。
- 小事情自己决定，大事情问问神，比较可靠安心。
- 不要去要求自己不应该要求的事情。

每个拜财神的人，都希望得到财神的眷顾，但为什么有的人拜财神似乎很灵，而有的人拜来拜去，总是不能如愿以偿呢？原来，财神也会"亲君子而远小人"，那么财神眼中的君子，是什么样的人？拜财神究竟需要掌握哪些原则，才能避免自找麻烦呢？

## 第九集　明白财神的特征
### ——因应人不同的需求而有差异

每一个人，多多少少都有一点儿不一样，叫作个别差异，财神也是一样。这里有两种说法，一种是财神就那么一种，不可能有太多种，但是因应人的需要，会有一些不一样。另外一种是，财神本来也是人，所以多多少少也有一点儿差异性。换句话说，每一尊财神多少有一点儿不同，你要自己去慎选。也就是说，想跟财神打交道，首先要明白财神的特征。

每一尊财神所呈现出的都是大同小异的，我们要去找那个磁场跟我们比较接近的，而不是把所有的财神都当成同样的。这样你就知道为什么神跟人有很多相像的地方。我们这个观念跟西方是非常不一样的。西方的神只有一种，它没有变化，且无所不知、无所不能、无所不在。我们认为，天底下无所不知、无所不能、无所不在的只有天，除此以外几乎没有别的可以做到。当然，我们不要去否定任何宗教，因为任何宗教都有它存在的理由和需求，我们要尊重、要包容。但是我们真的要了解自己，为什么中国人能够直接通

## 财神文化

天？就是因为我们很早就知道，只有天才无所不在、无所不能、无所不知。到了神这个层次，就多少有点儿大同小异了，因为要配合人的不同需求。

**人想去跟财神打交道，首先心里要有敬意。** 如果你看不起他，就不要跟他来往。这跟人与人相处是一样的道理。有一句话一定要记在脑海里面，叫作"敬人者，人恒敬之"。如果你看不起他，还跟他来往，那两个人迟早会闹得不愉快，这叫道不同不相为谋。何不离得远一点儿？孔子没有要我们消灭小人，只叫我们远小人，因为小人永远是存在的。不管世界怎么变，只要有君子，就一定有小人。当然，小人也不是完全没有价值的，小人的价值就是让君子知道自己毕竟跟他不同，而正是因为跟他不同，所以你才是君子。用这种观念来看事情，就符合《易经》的标准。因此，我们并不鼓励嫉恶如仇，并不主张彻底消除黑暗，那也是不可能的事情。

财神有时候也会受气，因为你对他提出了不合理的要求，甚至当面骂他。现在很多人都是这样的，跟财神讲：我没有对不起你，我每一次对你都很恭敬，我也常常来孝敬你，你怎么都不照顾我……抱怨不停。财神受了气以后，也不会怎么样，他就采取远的办法，暂时躲开了。如果一尊神像，拜他的都是正能量，那他本身就是正能量。如果大家都不拜他，而且他的正能量被求的人慢慢消耗掉，他很可能就跟人没有太大的感应了。万一把他气跑了，只要

## 第九集　明白财神的特征
## ——因应人不同的需求而有差异

还有人来拜，有香火，魔就会趁虚而入。所以，我们拜的常常是神皮魔骨，外面看似是神，但里面已经是魔了，可是人的肉眼却看不清楚。我们必须告诉自己，眼睛是非常不可靠的，耳朵也是常常听错的，这才是事实。看似同一尊神，实际上已经变了，变的原因不是他自己，而是人使他变的。

每次讲到责任归属的时候，大家都很清楚，都是人搞出来的。我们都要记住一句话，是我们自己把自己搞成这个样子，是我们自己把事情搞到这种地步，是我们自己把神弄得不神了。所以，人一定要反省自己，才有办法调整对方。**要改变任何事情，唯一有效的办法，就是改变自己**。没有人会因为你抱怨而改变，没有人会因为你生气而改变，没有人会因为你想尽办法而改变，但是只要你一改变，对方就改变了。就像父母要教导孩子，怎么说都没有用，但是你自己一改变，他就跟着改变了。你告诉他不要这样不要那样，他根本不会听。哪一天你把家里的酒柜撤掉，换成书柜，每天回来不是忙着看电视，而是看书，你的孩子很快就会有样学样，跟着你看书。

有一位大学教授，他有三个儿子，都拿到了博士学位，而且都很正派。我就跟他讲："你真会教育，三个孩子都这么有成就。"他说："我根本没有教育。"我说："没有教育？你的孩子会有这么好的成就？"他说："就是因为我穷，下班没有地方去，回家也

## 财神文化

没有酒喝，只好看书，没想到我这一看，三个孩子都拿来书跟着看，就看出三个博士了。"就这么简单。我们人就是不相信有这么简单，才自找麻烦。自找麻烦，就是所有麻烦都是自己找的。

人们拜神，往往是为了解决麻烦。但是，如果不懂得与神明打交道的正确方法，不仅得不到神明的帮助，反而还会给自己惹来大麻烦。那么，我们应该如何跟神明打交道呢？

我们跟神打交道，本应提出合理的要求，但是经常过分：我现在急着用钱周转，银行贷款不灵，朋友借不到，资金链快断了，你三天之内给我五百万……神都觉得好笑。有一句话大家都知道，只是没有想到自己身上会发生这样的情况，叫作平时不烧香，临时抱佛脚。财神看你很陌生，因为你从来没有来过，平常也没有给他一点点能量，这时候却给他这么重大的责任，他心想算了，懒得理你。这是必然的。可是财神不说话，你又感应不到，于是便开始抱怨：我这样求你，你都不帮我忙，你算什么财神？大家想想看，财神会怎么做？唯一的办法就是看到这个人，赶快躲闪。然后魔就趁虚而入，就答应你，你得到了魔的帮助，真的有求必应。得到魔的帮助，叫作魔附身。神是不会附在你身上的，但是魔会。魔对那种嫉妒心很强，老动歪脑筋，游走法律边缘，而且非常有魄力的人，

## 第九集　明白财神的特征
——因应人不同的需求而有差异

最感兴趣，因为这样才显得魔的威力有多大。如果你是个正人君子，魔附在你身上，那就不是魔了，就表示这个魔瞎了眼，选错了人。我们讲的完全不是迷信，而是推理。神不必附在任何人身上，他只需要从旁指点你，你向他学习，模仿他，自然就神起来了。

孔子告诉我们：祭如在。"如"这个字用得最好，好像有，又好像没有，完全看你自己。比如有人骑脚踏车下坡的时候，突然感觉到刹车失灵了，不断向前冲，心想这下糟糕了，这时正好后面有一个人拉住了他。但是结果怎么样？他没有感谢后面那个人，却感谢上帝：幸好上帝拉了我一把，要不然今天惨了。大家想想看，如果是你拉的他，你会不会生气？当然会生气。但是我劝你不要生气，因为你就轻轻拉了他一下，他就把你当成上帝，你够本了，还生什么气？人就是想不开罢了，你得到的比你的预期还多，干吗生气？而且你应该同情他，因为他太可怜了，把上帝看得这么小。如果谁脚踏车有问题，上帝都要去拉一把的话，那岂不忙死、累死？这样一想，很多事情就清楚了。

再讲一遍，人最大的问题，就是持续不停地找自己的麻烦，这才糟糕。一个人不找自己的麻烦，就很快乐。快乐不快乐，永远是你自己可以决定的，可是你偏偏不要。神绝对比我们清楚，我劝大家先把神明搞清楚。什么叫神明？为什么中国人叫他神明？就是你看他很神奇，他看你很明白。我们看自己真的很糊涂，永远搞不清

### 财神文化

楚自己的真面目，但神一看就清楚了，要不然怎么叫神？我们常常是自己骗自己，所以大家要常常反省。如果只是我又骗自己了，我骗自己骗得很准，我骗自己能力很高，我骗自己有很多经验……最后都是自作自受的。当经济发生波动的时候，谁最惨？就是那些产业做得很大的人，产业做得小的人没有什么感觉。当股票突然间跌落下来的时候，有钱人损失最大，没钱人也没什么。当然，我没有反对做大，人本来就应该做大，但是要记得跟自己的能量相配合。**一个人有多大能耐，才可以向财神要求多大。**

*一个人究竟有多大能耐，往往自己是看不清楚的。人们经常容易过分地高估自己，而过分地看扁别人。那么，我们应该如何正确地估量自己，如何避免在拜财神的时候自找麻烦呢？*

我们现在提出三个原则，给大家做参考。

第一，不要去要求自己不应该要求的事情。这很难，因为我怎么知道自己的要求有没有过分，他们觉得我应该做，最后才知道过分了。最好的办法是什么？这是我长期积累下来的经验，就是只感谢，不要求。你的"分"，财神很清楚，你去拜他就是感谢感谢：我们全家人都受你照顾，我的朋友也受你照顾，所以非常感谢。神跟人一样，只要高帽子一戴，他就很开心，他看你的"分"原来在

## 第九集　明白财神的特征
—— 因应人不同的需求而有差异

这里，然后就帮你做到那个地步，这样最安全。我们真的没有办法判断自己真实的一面。因此中国人很聪明，干什么都说谢天谢地，这最安全。老天自己不动作，它会派很多神来看，看这个人在谢什么，发现还有不足的，赶快给他，这是最好的办法，最安全，最有效，最合理。这是三个标准。老祖宗给我们的东西，都是最安全、最方便、最合理的，而且一点儿不复杂。

现在，我们在学校里面学的都是很复杂的东西，很多人就是在读死书，把自己的脑筋读死了、读呆了。所以有时候神看到人都觉得很好笑：你们这样学有什么用？我们完全把孔子叫我们如何学搞错了。孔子说你要学他，但从来不具体地说学他的什么，意思是你自己去看，有什么可以学的就去学。我们从来没有像人家说的那样，学他某某领域，我们从来不做那种事情。为什么？因为每一个人的处境不同，资质不同，当前的需求不同，你怎么能够讲得很具体、很明确？我们现在受西方的影响，好像一切都要讲清楚，否则就表示你自己含糊不明白。其实，含糊才有弹性，对方才会动脑筋，才会主动去找到自己所需要的东西。这也是西方到现在都搞不清楚的一点。

**上天有好生之德，所以才让圣人创造了很多神明，来因应每一个人不同的需求。** 人有很多因素，才造成今天这个样子。从《易经》的角度来讲，就是你前面那二十年所有的积累，才造成你今天

## 财神文化

这个面貌、这个状态。你要为自己未来的二十年，开始做基础的工作，然后到了二十年之后，又是另外一个样子。每一个人都是自己搞出来的，都是自己把自己搞成现在这个样子的。这一句话非常有道理，要听得懂才行。**凡事不要怪别人，跟别人一点儿关系都没有。**

我们跟神明互动，一定要认定他们是来照顾我们，是来做我们的榜样的，而不是让我们去拜、去求、去烦的。这是第一，我们自己要做到。最安全的办法，就是感谢。你不必求，因为他比你还清楚，而且求还可能求错了。说不定他这次让你不过关是好事，而你一直求过关，反而养成坏习惯，以后依赖性很大，越陷越深，将来捅个大篓子，后悔也没有用。神明让你过关，你要感谢；神明不让你过关，你更要感谢。二十年之后，你才知道当初到底是好还是坏。老实讲，很多事情，不是马上就知道好坏的，要二十年后才知道，原来那一次，你被人家打了一拳，才打醒了，要不然到现在还很糊涂。有八个字，叫作"恩生于害，害生于恩"。你感觉他对你很好，可能他完全是在害你；你感觉他在害你，二十年以后才知道，他当时真是你的救命恩人。这种才是有智慧的人，我们要看长远，不要只看眼前。

*感恩，是一种生活态度。对待神明，要学会感恩，但是也不能*

### 第九集　明白财神的特征
#### ——因应人不同的需求而有差异

逢神就感谢。俗话说"请神容易送神难"，许多人为了财源滚滚，会把财神请到家里，这种做法到底可不可取呢？

第二，要慎选和自己频率相近、感应很灵的财神，而不是逢庙就拜，逢神就求。中国人家里面，多半供奉观音，很少供奉其他的。大家不要听完就说我把财神供奉到家里来，这是不对的。财神是公众的，供奉在庙里头，让大家去跟他互动，你把他请到自己家里来，他就没有什么功能了，就会失掉很多他本来可以做的事情。这样对你对他都不好。

有一句话一定要放在脑海里面，就是请神容易送神难。你一请就把他请回来了，但是请回来以后，位置合不合适，方向对不对，高低他喜不喜欢，你平常跟他相处的方式到底合不合适……这些都很麻烦。他又不说话，你又感应不到，瞎子摸象，最后只会越搞越乱。这就是自找麻烦。让他供奉在庙里头，双方都可以很自由。那么多财神庙，你选一个跟你比较有感应的就好了。

如何选？因为每个人选的都是不一样的，所以我们有一个要求，就是不要批评任何一尊财神。不同的财神因应不同的需求，就好像我们有商业银行，有工商银行，有建设银行，有农业银行一样，它有特殊的任务，特殊的服务对象。是你找错了，不是他不对。老实讲，一个人如果连银行都不会选，那拜财神也不会拜，这

## 财神文化

是同样的道理。你自己感应越来越好，就知道自己跟他很谈得来，然后你常常去照顾他，他就常常来照顾你。神所需要的就是一炷香火，他不在乎你给他多少东西。但如果连香火都不给他，就表示你不尊敬他，然后他的能量就慢慢消失掉了。消失掉以后是很可怕的。因此，你认定了他以后，要常来常往，跟他保持熟悉，说不定你有什么麻烦，他就主动照顾你了。银行也是这样，你跟它常来常往，它才会打电话给你，说现在利率调高了，你赶快来把以前的贷款还一还，或者有什么新的政策，它也会主动告诉你。否则的话，它是不会跟你联系的。

家里头为什么请观音？因为我们多半是妈妈在家，妈妈是个女的，如果请个武将进来的话，就不合适。有时候妈妈要换衣服，一看关公在那里，她也不敢换，那不糟糕了。观音就无所谓。所以，很多事情，我们朝这个方向去想，就知道中国人是非常和谐的，会照顾到方方面面，而且弹性很大，没有那么僵化。

人活着就是要有弹性。比如一按某人的皮肤，它会弹起来，就表示这个人不错，很有生机；一按下去，半天弹不起来，你就知道问题很严重。为什么我们不去谈宗教？因为宗教这个东西，是一翻两瞪眼的事，信就信，不信就不信，没有什么理性的讨论空间。我们不谈宗教的时候，人很自由；一谈宗教，就没有自由。我们不谈宗教的时候，神佛都很自由；一谈宗教，神佛就不自由。比如关

第九集　明白财神的特征
——因应人不同的需求而有差异

公，三教都尊重他，他就打破了宗教的领域限制。儒家敬重关公，佛家敬重关公，道家也拜关公。三教通吃，这才厉害。

其实很多事情本来是通的，只是人本身不通，才认为它不通。只要人一通，什么都通了。观音也是三教都拜。凡是普及的，普遍的，照顾到众生的神明，都不受宗教的限制。因此，我们要培养一种风度，就是尽量不去谈论宗教，而且也不要说我的才是正教，你们的都是邪教，更不要说我来传教，因为你毕竟不是传教士。这样就会减少很多麻烦，而且也不会有意无意得罪神佛，你就是一个很自由的人。

*现代人拜财神，就是希望拥有财运，获得更多财富。然而，把发财梦寄托在神明保佑上，靠谱吗？人难道不是应该自力更生吗？拜财神真正的意义究竟是什么呢？*

第三，有一个东西，我们很长一段时间中断了，就是"神人共治"。为什么要神人共治？很简单，小钱，你不必求神，自己管就好了；大钱，你是理不了的，就得请神帮你管。这不是很愉快吗？神也不会跟你要佣金，了不起你拜拜香而已，拜香花多少钱，那也是你自己的事情。神不会害你，除非你自己去找魔。

自古以来，我们就讲得很清楚，*小富由自己，大富要由天*。一

## 财神文化

个人要变成百万富翁，不必问天，也不必求神，自己努力去赚就是了。可是要成为亿万富翁，就得问问神，问问天，看看自己有没有那个福分。如果有的话，就义不容辞，好好去妥当用钱；如果没有的话，就算了，不要有非分之想。否则，即使钱来了，也会造成很多麻烦，惹来很多凶祸。

其实，人没有钱的时候，很快乐；一旦有钱，就开始苦恼了。一个最著名的故事是这样的：一楼住着一个修皮鞋的小鞋匠，天天唱歌，快乐得不得了。二楼住着一个富翁，天天愁眉苦脸，不知道怎么处理自己的钱，会不会被偷，买股票跌了怎么办，买期货也靠不住……富翁看到小鞋匠天天喜笑颜开的，越想越气：我这么有钱都笑不起来，你一个小鞋匠却天天笑，到底有什么好笑的？他的朋友说，你想叫他不笑很简单，给他十万块钱，他就不笑了。富翁就给了小鞋匠十万块钱，从此小鞋匠不笑了，因为他也在愁眉苦脸，不知道这十万块钱怎么办。可见，没有钱很开心，一有钱就不开心了。很多人想不出其中的道理来，但事实就是这样。

有一个人去找医生，说："医生，我天天睡不着。"医生说："为什么？"这个人说："我不知道。"医生说："你不知道？那我问你，你是不是有很多钱？"他说："没有。"医生接着问："你是不是名声很大？"他说："没有。"医生继续问："你是不是势力很大？"他说："没有。"医生说："既然你什么都没有，

## 第九集　明白财神的特征
——因应人不同的需求而有差异

还有什么好担心的。"然后，这个人晚上就能睡好觉了，因为什么也不用担心。一个什么都没有的人，还有什么好担心的呢？很多人都有这样的感受。回想一下，当我们很穷的时候，真的没心思去苦恼。有心思苦恼叫神经病，穷得日子都过不下去了，还在苦恼，岂不是神经病？现在不一样了，每个人有每个人不一样的烦恼。

记住一点，小事情自己决定，大事情问问神，比较可靠安心。道理非常简单，每个人自己所能照顾的很有限。我们后面是不长眼睛的，前面一个瓦片来，前面一个人来，可能还挡得掉、闪得开。如果后面一个石头打过来，你根本不知道怎么躲。就算石头很可能要你的命，你也无从防起。所以，我们必须要知道自己有局限性。只要你是人，就有局限性，就照顾不了方方面面。可是，如果你跟自己的守护神处得好的话，就另当别论了。一个石头过来，他就推你一把，或者让你去捡个东西，就躲过去了。你还莫名其妙，这才叫神。当然，你会认为那是自己运气好，跟神无关，其实运气好就是神拉了你一把，要不然怎么会运气好呢？如果你跟自己的守护神处得不好，石头明明不会打到你，他也推你一把，让它正好打到。岂不糟糕？

神是在帮助我们做一些我们自己处理不了的事情，那才叫神，不然什么叫神？以上这三点给大家做参考，希望我们每个人都好好去体悟。

## 财神文化

### 拓展阅读

#### 命是自己选择出来的

人生摆在我们面前的永远有两条路：一条叫生门，一条叫死门，就这么简单。无论什么时候，你面前一定有一条活路，也一定有一条死路，所以你的命运是你自己选择出来的，不是固定的。

很多人一听到命就想到命定论，这种人是有问题的，因为命定论根本是不存在的。如果你相信命定论，那就什么事都不要做，躺在床上就好了。我命中有一个亿，躺着就有一个亿了，干吗去工作呢？我命中会当宰相，躺着就可以当宰相了。但这些都是不可能的，世界上根本没有命定这回事。

当然，命运也不完全是自己创造的，机会是有限的，资源是有限的，寿命是有限的，人力也是有限的，样样都有限，命怎么可能完全是创造的？这样想，命是什么就很清楚了。所以一句话就讲清楚了：我们一生的努力，就是在证明我们到底有什么样的命。

人生是再简单不过的事情：不努力，你就不知道你的命是什么；努力了半天，也不过是知道你的命是什么而已。孔子的命就是当代不受重用。他很想当官，甚至说只要交给他三年，他就可

### 第九集　明白财神的特征
###### ——因应人不同的需求而有差异

以把国家治理得好好的（"苟有用我者，期月而已可也，三年有成。"——《论语·子路》），可是没有人用他。见弃于当时，这是孔子的命。但是最后孔子也很愉快，因为他知道这是自己的命。一个人知道这就是自己的命，并且已经努力过了，他就问心无愧了。孔子的命是要给后世人做万世师表，而不是给当代人做治世能臣。

孔子说："富而可求也，虽执鞭之士，吾亦为之。"（《论语·述而》）意思是：如果财富是可以求得的，就算我再不愿意做的事情我都会去做。孔子是在否定命？不是。他说他会相信，但是不会完全相信，这才是孔子的态度。从现在开始，我们要记住：相信，会很危险；不相信，还是很危险。因为世界上的事不只是让你相信或者不相信那么简单。《易经》的态度是站在不相信的立场来相信，或者站在相信的立场来不相信，因为阴阳是不能够分开的。凡是说相信命运的，那就是有阳无阴，阴跑到哪里去了？凡是说不相信命运的，那是有阴无阳，阳到哪里去了？阴阳同时存在，就是容不得你相信，也容不得你不相信，你去做了就知道了。做到最后发现原来自己这辈子是来做乞丐的，也心安理得，这有什么关系呢？所以孔子经常讲"时也，命也"，他一点儿不消极。

人，生逢其时，比你怎么努力都要强；生不逢时，就算你有再

**财神文化**

大的才能，也只能郁郁而终。因为没有机会，根本不容许你发挥。所以命还要跟时配合起来。你是个富有创造性的人，你所处的时代也要容许你创造才行，否则你就是跟自己过不去；你是个很守法的人，也要看你所处的时代是不是很重视规矩，如果不重视规矩，你也是要吃亏的。

## 第十集　先做财神的同道

### ——做一个财神喜欢的人

- 所有的财神都有个共同点，就是孝敬父母。
- 老板对，你一定要听；老板不对，你要再三地劝告他不要这样做，这才叫忠诚。
- 神只能照顾我们大事情，小事情要自己小心。
- 一个人能够吃亏，就表示他的福分很大。
- 我们要在一阴一阳当中，找到一个此时此地的平衡点。
- 财神不喜欢不孝敬父母的人，不喜欢欺善怕恶的人，不喜欢争权夺利的人，不喜欢争功诿过的人，不喜欢欺负弱小的人，不喜欢不凭良心的人，不喜欢守财奴，不喜欢很吝啬的人，不喜欢假公济私的人，不喜欢恶性倒闭的人，不喜欢诈骗集团，不喜欢骗财骗色的人，不喜欢滥用金钱的人。

孔子有言："道不同不相为谋。"财神跟人的相处也是如此，只有与财神成为同道，才有可能得到照顾，否则诚心想求，也难有回应。那么，中国人所供奉的财神们，都遵循着怎样的"道"？人们效法他们哪些品德，才能成为财神的同道中人呢？

## 第十集　先做财神的同道
### ——做一个财神喜欢的人

现在，我们要谈一个很重要的观念，就是你选定了一尊神跟自己最有感应之后，要做这一尊神的同道。换句话说，你要模仿他，学习他，效法他。当你跟他变成同道的时候，他就会全面地照顾你。否则的话，他会觉得不需要在你身上花那么多时间，因为他不知道你是不是真心听他的。因此，我们中国人常说，除非他问你，否则你不要去告诉他。如果他不是诚心在学的话，你告诉他既费神又没用。

为什么我们会选赵公明当正财神？赵公明是商朝的一位高人。中国人所讲的高人，都是得道高人。他曾经站在商朝的立场来跟周朝对抗，在一次打仗的时候，他一鞭就把姜太公打昏了，实际上是差一点儿打死了。可是姜太公最后封神，还是封了他，这才值得我们效法。其实，姜太公封神，并不是他要封谁就封谁，因为他没有这么大的权力。就好像我们读历史，说尧把皇帝位传给舜。我觉得尧也没有这么大的权力，因为谁都不可以把天下私相授受。所以，

## 财神文化

一定是很多人推举舜，说舜这个人的确很好。虽然如此，尧还不敢一下子相信，还是要试试看。怎么试？就是把两个女儿同时嫁给舜。现在我们觉得尧的做法很奇怪，那是因为我们不了解当时的情况。尧对舜说，如果这两个女儿你能摆平的话，就表示你有治理国家的能力；如果亲姐妹都摆不平，那将来不是亲姐妹的更摆不平。很多人读历史，都没有这么深刻去了解，总觉得他们是禅让，没有那回事。

我们只知道姜太公封神，不知道姜太公其实没有权力封神。如果他有权力封神，那先封自己再说。那时候的封神榜就相当于现代政治协商会议的结果，有一张名单叫作封神榜。姜太公只是奉命把台子搭建起来，然后按照大家协商的结果宣读：我们现在推选出365位神，让大家每天都有一位可拜。就这么简单。公私分明，你把我打伤，我当然很气，但气归气，那是私事，我该封你神，那是公事，照封不误，这才了不起。最后姜太公自己没有封神，因为名单里面没有他，他只是执行人。所以他的同门师兄就笑他：你看看，我都封神了，你却没有。姜太公听后没有什么反应，他觉得无所谓，封神跟不封神并没有什么不同。但是，公道自在人心，我们老百姓给了姜太公一个神位，这个神位比任何神都普及，就是红灯笼。我们家家户户都有红灯笼，那都是姜太公。虽然他没有得到一个神位，但是遍地开花。还有泰山石敢当，那也是姜太公，所有神

## 第十集　先做财神的同道
### ——做一个财神喜欢的人

都不如他神。"姜太公在此，百无禁忌"，别的神都做不到。所以，是被封神好，还是没有被封神好，真的很难讲。赵公明，至于他什么时候变成的财神，那也是老百姓自己认定的。

**中国民间各地供奉的财神各有不同，有的供赵公明，有的供关公，还有的供范蠡。这些人中有文臣，有武将，每个人的特点都不一样。他们为什么会被老百姓供为财神？这些财神都各有哪些长处，他们又有什么样的共同点呢？**

**所有的财神都有个共同点，就是很孝敬父母**。中国人只要谁在家不孝敬父母，通通免谈，绝对不会被推举，因为那是最起码的要求。可是除了孝敬父母之外，他们一定还有别的长处，否则不可能把他们的位置抬得那么高。比如赵公明，公明二字，就是公正廉明的意思。处理财务最好公正廉明。你望文生义，听到他的名字便知道要学他的公正廉明，就相差不远了。

为什么关公是武财神？大家对关公要有个认识。关公是我们中华民族唯一一位往生以后才开始升官的，而且不断地升，升到他自己都觉得很不好意思，所以他的脸始终红红的。升到现在，关公跟孔子的位置一样高，孔子是文圣，他是武圣。为什么会这样？为什么我们把他当作财神？其实很简单，就是当年曹操对他非常优待，

他都无动于衷。就告诉我们对不义之财，再多也不要。关公走的时候，把人家送他的所有东西，原封不动放在那里。他本来可以带走的，但是没有带走，因为他不沾人家的人情。这样的人来理财，大家还有什么不放心的？同时，关公最显著的一个特征，就是忠义二字。很多人看《三国演义》，真的没有抓到这个重点，《三国演义》唯一的标准就是忠义。离开忠义，就无法看《三国演义》。曹操也很可爱，但是他不忠不义，只能是奸臣，因为他不符合当时的时代主流。

为什么有人拜范蠡？因为范蠡几次散尽家财，然后又重新赚回来，他就是赚给你看。我赚的钱，通通散光，一毛也不要，然后我很快又赚回来了，这种人才会赚钱。赚了钱，塞得紧紧的，生怕漏掉，那就只能赚这么一点儿而已。会赚钱的人，随时可以把钱整个花掉，然后随时赚回来。我们要学的就是这一套。

为什么有人拜胡雪岩？因为胡雪岩不认为自己是个商人，他把赚来的钱拿去支援左宗棠，把海军建立起来，把新疆收复回来，功在国家民族。这样赚钱，我们当然拥护他。你赚的钱是公家给你的，那就要回馈公家。当然你自己要用，家里要用，我们都不反对，但你不能把所有的钱通通存在你们家，那是不可以的。

可见，他们各有特色，大家自己考虑，想学哪一个人，这是你的自由。如果你想学范蠡，就有范蠡的风险性。大家想想，范蠡本

## 第十集　先做财神的同道
### ——做一个财神喜欢的人

来跟越王勾践处得很好，为什么要辞官去从商？因为他给勾践出了一个馊主意。勾践当时想要得到夫差的信任，却无计可施，就问范蠡："我该怎么得到夫差的信任呢？"范蠡说："只有一招，就是去吃夫差的大便，这样夫差对你就会完全没有怀疑。"勾践说："这怎么可以？我不要。"范蠡说："不要就算了，那就复国无望了。"中国人很厉害，一点就通。勾践就问："我为什么要吃他的大便？"范蠡解释说："你吃他的大便，虽然所有人都会讲你的坏话，但是他会被你感动，会认为你对他最好，就对你完全没有怀疑了。"勾践说："他如果问我为什么要吃他的大便，我怎么说？"范蠡说："你就说我不是吃大便，而是尝大便，这样我就知道你的身体状况如何了。你这样做，夫差就把整个心都给你了，然后你就能轻易地收复国土。"这一招果然很有效。勾践尝了夫差的大便以后，把夫差的整个心理防线都破掉了，夫差很快就放他回家了，他也得到了复国的机会。

那么，范蠡为什么会辞官呢？因为勾践复国之后，范蠡感觉到糟糕了，自己犯下了滔天大罪。要知道，人心是会变的，勾践那时候会很感谢范蠡，是因为范蠡给他献了这个计策，他才能够复国。现在复国了，勾践会想：就是这个家伙叫我去尝人家的大便，我做了这样的事情，后世会怎么看我？他越想越气，一定要把范蠡杀掉。所以，范蠡就逃了。我再提醒大家一点，馊主意要少出，当初

**财神文化**

是奇计、妙计，最后你自己会受不了，那何必把自己逼得一点儿退路都没有呢？讲完这些，你还想学范蠡，我们也尊重。我没有说不能学他，只是一个人把自己逼到无路可走的时候，只好这样了，他后来所做的事情，其实都是在弥补之前那一段令自己想起来就很脸红的事情。

关公也是一样，现在关公像是出口最多的。所有的华侨，都会供奉关公。这讲起来是人类的不幸，想必关公也会同意这一点。大家都知道，现在的社会让我们普遍感觉到不忠不义，所以才要供奉关公。哪一天关公被大家当作朋友看待，而不是当作神明的时候，就表示忠义已经慢慢恢复起来了，这才是对神的一个正确认识。因此，如果你跟关公结成好朋友，我们恭喜你。如果你整天去拜他，就表示你很心虚，多少有一点儿不忠不义。你拜他觉得很惭愧，心惊肉跳，他的脸也红红的，这就叫感应。如果你能坦然面对他，说明你的忠义都在。

老实讲，很多人一听到忠，就不屑一顾，觉得这是什么时代了，还在讲忠。这种人，我们也不要跟他辩论，因为跟他讲话都是多余的。*我们要忠于自己的工作，忠于自己的团体，忠于自己的国家*。这点外国人是没有的。如果你问一个美国人：你忠于你的公司吗？他的回答只有一个字：Ridiculous。笑话！如果你问：你忠于你的老板？他更火大：我干吗忠于他？我随时要跳槽，忠于他干吗？

## 第十集　先做财神的同道
### ——做一个财神喜欢的人

我们不能因为西方人这样，就把忠去掉了。我们对朋友要忠，否则就不要答应他的请求；我们对事情要忠，对公司要忠，所以不能完全听老板的。老板对，你一定要听；老板不对，你要再三地劝告他不要这样做。这才叫忠诚。但是我们不希望忠臣太多，因为忠臣多了就表示这个时代太乱了。乱世才需要那么多忠臣，如果太平盛世，要忠臣干什么？像这些都是相对的，我们一定要把《易经》学会了，才知道原来一切都是很自然的平衡。

中国民间所拜的财神们，各有不同的经历，各有不同的特点。那么，拜财神的人们，应该怎样做，才能成为财神们的同道？有没有共同的要点呢？

我们要做财神的同道，有几个要点要注意。

第一，重视忠孝节义。这是历古长新，永不过时的。只要人类存在，"忠孝节义"这四个字永远是共同且必要的条件。以前的人比较容易有忠孝节义的观念，因为以前不管是戏剧还是歌曲，都在讲忠孝节义。现在没有了，我们看到的都是暴力、色情、鬼怪，乱七八糟的。现在的娱乐，简直是神经破坏器。真不知道人类到底是进步还是退步。以前，我们从小就不看这些东西，都是看那些让你很感动、很想学的东西。那时候我们都遵照孔老夫子的说法去做，

**财神文化**

就是不要怪力乱神。现在科学发达，却到处都是怪力乱神。以前武打片还有点儿真功夫，现在都是吊威亚，一根绳子吊着飞来飞去，有时候没有剪辑好，绳子都看得到。

第二，凡事谨慎小心。先把自己的要求做好，然后才能求神。因为自己的要求叫小事，如果小事都做不好，神就没有办法照顾你。要知道，神只能照顾我们大事情，小事情要自己小心。

第三，克己待人。克己待人就是吃亏的意思。现在的人什么都吃，就是不吃亏。一个人能够吃亏，就表示他的福分很大。吃点儿小亏无所谓，就表示你根本不在乎。如果小小的一点儿亏，你都很计较，那就表示你的福分很小。比如，你看那个乞丐很可怜，给他五块钱，然后就开始后悔：给他五块干什么？五毛就够了。你只花了五块钱，自己却纠结了半天，那你的福分在哪里？

我看到乞丐，也不会乱给钱。因为我学《易经》就知道，应该先看看这个乞丐是怎么回事，再决定要不要给他钱。我会把零钱放在口袋里面，然后上车，关上车门。乞丐一般手上会拿着一个木头的小棍子。如果他拿它打我的车子，我就不给他；他不打我的车子，我就给他。但是十有八九，当我关上车门之后，马上就打我的车子。我就知道自己幸好没有上当。人要经得起考验，我们做任何事情不能盲目，盲目就叫滥好人。其实很多乞丐是假的，如果你觉得没有关系，不管真的假的都给钱，就是助长社会的歪风。过犹不

170

## 第十集　先做财神的同道
### ——做一个财神喜欢的人

及，都不合理。当然，如果他真的是乞丐，你不给钱，那也太残忍了。其实，乞丐也有他的功能，就是给我们一个警戒，如果家里不好好重视家风，有一天就会沦落到这个地步。

我们克己待人，是对自己的一个考验。如果你能够克己待人，就表示你是个很真诚的人，否则多半是假的，多半是做给别人看的。人到底要做给别人看，还是要做给自己看？答案是两边要兼顾，有时候要做给别人看，有时候要做给自己看。完全做给别人看，那是演员，不是真实的生活；完全做给自己看，那你的人缘就很差，处处碰壁。所以，要两边兼顾。人、神也是两边，圆滑、圆通还是两边，它始终是一阴一阳。我们要在一阴一阳当中，找到一个此时此地的平衡点。当然，这有相当的难度。

这样大家才知道，做一个中国人是收获最大、最丰盛的。因为全世界，中国人最难做。中国人非常敏感，中国人很会怀疑别人，中国人的脑筋快得不得了。所以，为什么别的国家强大起来，大家也不会怎么样，但是中国突然间强大起来，全世界都紧张，这是有道理的。我们怎么讲人家都不相信，因为人家知道，你们中国人太聪明了，反应太快了。因此，我们一定要深藏不露。现在之所以惹得那么多人眼红，就是我们自己太过显露了。太过显露，只会自找麻烦。如果哪一天奥林匹克运动会所有金牌都被我们拿了，就没有别人参加了。大家一想，算了，不要去了，反正是输，还去干什

么？比如，真正象棋下得好的人，往往没有棋可下，痛苦得要命。为什么？因为你说我们下盘棋吧，他会说肚子痛，没法下。他宁可肚子痛，也不跟你下。你总是赢，他总是输，明知是输，干吗还跟你下？

人要有所保留，有所隐藏。很多人不懂这个道理，总觉得要尽量秀出来，那是西方人。除了我们中国人一定要懂得深藏不露之外，全世界的人，都不需要深藏不露。深藏不露就是在合适的时间合理地露，而不是全盘地露。就像我们中国人练功夫，都是三更半夜练，不会像日本人那样，跆拳道分白带、黄带、绿带、黑带等，其中还分一段、二段……直到九段，然后若你是三段，我派个四段的打你。中国人从来没有什么段，到时候你才知道我的厉害，现在何必让你知道？所以，中国人练功，都练得外面看起来很柔弱。

有一个日本人到台湾挑战，他说："现在少林在日本，不在你们中国了，我是少林拳，天下无敌，谁敢来挑战？"我们都没有人理他。他继续说："你们怕什么，来挑战。"我们还是不理他。他继续挑衅："杀死不偿命，我会立下切结书。"然后我们就推选了一个看起来瘦瘦小小的人。这个日本人对他说："我不忍心打你，你找个壮一点儿的来吧。"我们那个人说："反正杀死不偿命，你同情我干什么？我倒是要问你，等你被我摔下去，是要朝天，还是要狗吃屎？"日本人说："那我当然要朝天了。"啪一下，日本人就朝天了，我们这个人摸摸鼻子就回去，这才叫中国人。所以，不

## 第十集　先做财神的同道
### ——做一个财神喜欢的人

要到处去秀，那是自找麻烦，因为对方一定找一个比你厉害的人，把你干掉。现在的人太过粗浅，完全没有智慧，还敢到处去谈论是非，真是很奇怪。

中国的传统文化中，蕴含着很多做人的智慧。要想与财神同道，做一个财神喜欢的人，就要做到：忠孝节义，凡事谨慎，克己待人。但是在做到这些的同时，我们还应该注意些什么呢？

我们要提醒大家一点，不要做财神不喜欢的人。如果你想要跟他同道，但却做他不喜欢的人，那是自讨苦吃。这里有几点，供大家参考。财神最不喜欢不孝敬父母的人。这种人，就算财神给他钱有什么用？财神给你钱，你第一个要做的就是照顾自己的父母。外国人得奖都说感谢这个感谢那个，唯独没有感谢自己的父母。其实这就是不孝。妈妈在家看电视，你所有的人都感谢了，就是没有感谢她，她心里会想：没有我生你，你哪里有今天？很多人也跟着学外国人的作风，实在非常糟糕。我们中国人要谢，一定是感谢天地、感谢父母。有人说这完全是官样文章，那不然怎么办？我们只好这样，否则你感谢其他的，回到家父母脸色都很难看，因为不管你感谢其他任何人，都是伤父母的心，都是很浅薄的做法。我们中国有这么长久的历史，很多事情都是有深意的，大家要好好去了

## 财神文化

解，不要仅仅停留在表面上。

财神最不喜欢欺善怕恶的人，财神最不喜欢争权夺利的人，财神最不喜欢争功诿过的人，财神最不喜欢欺负弱小的人，财神最不喜欢不凭良心的人。我们列出这一些，就是为了告诉大家，碰到财神，要跟财神打交道，做一个正人君子就够了，其他的都是外加的。但是对现代化的人来说，财神还有特别的要求，就是不喜欢守财奴。货币，英文叫currency，它是要流通的。财神心里想，钱在我这里好好的，给了你，结果你把它卡死在你那里，那还不如留在我这里。财神也不喜欢很吝啬的人。记住，吝是吝，啬是啬。我们要啬，而不能吝。啬是节约，吝是小气，做一个节约的人财神很喜欢，做一个小气鬼他就不喜欢。这两个是完全不一样的。老子很推崇啬，啬就是时间不能浪费，资源不能浪费，你的体力也不能浪费。可见，啬并不是专门指金钱，所有资源都要节约，哪怕水很充足也要节约。

我们到美国去经常看到这样的现象，连续三天下雨，可是路边的水照喷不误。我都亲自去问过，我说："现在不是下雨吗？"他说："是下雨。"我说："那你没看到水龙头还开着？"他说："我不是瞎子，当然看到了。"我说："那你为什么不去关掉？"他说："规定不能关。"我说："为什么规定不能关？"他说："我现在关了，后面没有人来开，就这样下去好了。"还有美国的

## 第十集　先做财神的同道
　　——做一个财神喜欢的人

冷气是一天二十四小时且全年无休的，所以，一个美国所消耗的能源是五个地球才能供应的。如果我们继续过美国式的生活，那人类就毁灭了，地球就完了。美国本土有石油却不开采，专门挖人家的石油来用。他们不拜财神才会这样，而我们拜财神，就不能这样。一下雨就去关，雨停了再去开，虽然没有规定，也得这样做。其实有规定，就是叫其他的那一条。中国人很厉害，其他就总括一切了。外国人是没有其他的，他们也不知道什么叫其他。

　　**财神不喜欢假公济私的人**。现在假公济私的人太多了，名义上都讲得很好听，我做公益，我做慈善，实际上都是自己腰包满满的。**财神不喜欢恶性倒闭的人，财神不喜欢诈骗集团，财神不喜欢骗财骗色的人，财神不喜欢滥用金钱的人**。这些都是新增加的，因为以前的人没有这些花样。反正你想到的这些乱七八糟的东西，都是鬼主意。既然是鬼主意，神是不为的。懂得了这些，我们就知道如何自律。一个自律的人，才可以自主，也才拥有充分的自由。

**拓展阅读**

### 直接向财神要钱

　　我们已经知道财神不喜欢什么样的人，那么，财神喜欢什么样

## 财神文化

的人呢？尊重钱、善用钱而不把钱看得很重的人。初听好像是有点儿矛盾，好像说我们尊重钱、会用钱就是把钱看得很重，其实不是。凡是不能够把金钱的效能发挥出来，凡是不能提高金钱的价值，凡是只会把钱看得跟生命一样重，甚至于比生命还要重的人，都没有资格跟财神要钱，财神也不会给这种人钱。所以我们要尊重钱，要善用钱，但是千万不要把钱看得很重。当然，这个观念一时改过来相当困难，但是当我们把自己的习性调过来以后，其实很简单。一个人的命运就是他的习性，就是他的性格，性格一改过来，命运就改了。本来没有钱也会变得有钱了。怎么会有钱？就是财神爷帮你。从这个角度来讲，你就知道财神爷不喜欢的事情，你要把它改掉，他喜欢的事情你要把它发扬出来。换句话说，改变自己的性格，改变自己的习性，就是在改变自己的命运。

我们跟财神爷交往，跟财神爷要钱，要记住他是神不是人，我们要用神的态度来对待他，所以这里我们提出三个重要的规矩。

第一，要虔诚地祈求，而不是马马虎虎地说你给我一点儿钱。如果你把财神当成好像仆人一样，看不起他，他也根本不会理你。你要很虔诚地去求他才行。如果你不诚心，财神一看就知道你在骗他。骗人都很难，何况骗神，神比我们清楚。所以跟神来往一定要诚诚恳恳、实实在在、规规矩矩，不要存心要诈，不要存心欺骗，那都没有好结果。

## 第十集　先做财神的同道
### ——做一个财神喜欢的人

你很虔诚，把财神看得很重要，那财神也会跟你有感应。他被你的虔诚所感动以后，会觉得非常有面子。那么，你求他，他就会比较重视你，比较注意听，然后会比较愿意帮助你。凡是尊重财神爷的人，才会得到财神爷的尊重，这叫作礼尚往来，其实人与人之间也是如此。

第二，不要做财神不喜欢的事情。我们已经讲得非常清楚了，财神不喜欢唯利是图，不喜欢投机取巧，不喜欢无情无义，不喜欢过分依赖，不喜欢欺负弱小……，如果不改掉这些，怎么求他都无效，就算得到财也是魔财，不是神财。

第三，要积极做财神喜欢的事情。你喜欢的，我就多做一点儿，你才会比较喜欢我；你不喜欢的，我就不做了，你才不会讨厌我。这些道理都是大家一听就可以接受的，我们没有让大家做一些稀奇古怪、想象不到的事情。你要尽量做财神喜欢的人，最重要的就是不要把钱看得跟生命一样。凡是把钱看得跟生命一样的人，迟早会用生命来换钱，这样就算得到钱也没有用。财神给你一点儿钱就把你害死了，这是财神不喜欢做的事情。

我们总括一句话就可以说得很清楚，你要向财神要钱，就必须先把自己做成财神所喜欢的人。想想看，同样很多学生，有的老师特别喜欢这个，特别不喜欢那个，喜欢哪个学生他就会多照顾一些，我想这也是人之常情。不管法律怎么规定，都避免不了某些人

## 财神文化

情的左右。我们先做财神喜欢的人,然后诚心诚意向他去要求,你可以说你给我多少钱,什么时候给我。他越是喜欢你,你的胆子就越大,讲话声音也可以越大。如果他不喜欢你,你再怎么样也没有用,因为他根本听不进去。所以我们首先要把自己先调整过来,一切要从自己做起,不要总是依赖别人,否则变成过分依赖的人,又会被财神排斥掉,对自己很不利。

我们跟财神要有一套互动的方法,怎么互动?就是要按照人的行为来跟神互动。人跟动物有什么不同?人是有目的的,动物只有本能,没有目的,它们按照本能活动,而人是按照目的而行事。这是人跟动物不一样的地方,人是有意识地去行为,而不是凭本能的冲动。所以我们要向财神爷要钱不是本能的冲动,突然间想到多少就向他要,是要不到的。人向财神要钱,首先自己要设定一个目标。你为什么要向财神要钱,要了钱干什么,这样财神才知道你要这个钱的目的。任何人管钱,你向他要钱,他总要问你要钱做什么,这是人之常情。比如孩子跟妈妈要钱,妈妈一定会问要钱做什么,理由正当,妈妈才会给。我们向财神要钱也是一样的道理。因为财神也要向上天交代,他给你的每一笔钱是如何使用的,他也有一个账目在那里。

所以,你随便向财神要钱,他是不会给你的。你给自己设定一个目标,同时还要选择达成这个目标的途径,证明你不是不劳而

## 第十集　先做财神的同道
### ——做一个财神喜欢的人

获。如果你拿了钱以后就放在这里，什么都不做的话那就是不劳而获。一个人存心不劳而获的话，就不需要钱，上天也不会给你钱，这是中国人最熟悉的，叫作心想事成。你没有目标，上天就知道你没有目标，你有了目标但没有途径，上天就知道你没有途径，只想坐在这里得到好处，那也不会给你钱。

人最了不起的就是有自由意志，所有的动物里面只有人有自由意志。所以，动物没有办法向财神要钱，它们始终没有钱。如果动物向财神去要钱，财神都笑笑：你想要钱，先做人再说。从这里我们可以了解到，要向财神要钱先做一个人，先做一个财神喜欢的人。他认定你就会给你钱。怎么让他认定你？必须要把目标和计划提出来，把方法途径说清楚。就好像我们现在要向财务部去要钱一样，你要在会议当中提出你的构想，提出你的计划，然后配上时间表，大家通过了，你自然可以拿到钱。这叫作法定的规则和程序。人有行为，但是这个行为必须要合理。我们常讲一句话，叫作君子爱财，取之有道。道是什么？一方面是道路，也就是方法跟途径，一方面是合理，合理才叫作道。

讲到这里，我们就了解到，要向财神要钱不是很难，首先你要遵守他的三个规矩，然后你要自己去改变自己的习性，再就是按照规定，把你的目标设定好，把你的计划提出来，把你的方法途径说清楚。财神一看都很合理，自然会给你钱。

## 财神文化

我们要向财神要钱,那要多少合适呢?先设定一个目标,同时反问自己:我要的这个数字合理吗?如果财神问我凭什么要这么多钱,我要怎么回答他?如果你能够讲出个所以然,然后虔诚地跟他祈求,你跟他有感有应,自然能够如愿以偿。可见心想事成不是说做梦,不是说你爱幻想就可以得到,而是你应该有个合理的理想,按照合理的理想去要钱,这样财神没有理由不给你,否则就是他有愧于职守,这是很容易了解的道理。

既然讲到要钱要有个数字,那要多了会怎么样?多要一点儿不好吗?比如明明你想要一百万,现在开口要一千万,他最起码杀个一半给你五百万,那你岂不是赚到了?我们要记住,求多了会着魔,这句话很重要。你求多了以后,财神被你气跑了,魔就出现了。魔会给你很多很多钱,那你就更糟糕了。

你向财神要钱,财神会看一看,你所要求的这个数字合不合理,你所定的目标合不合理,你所讲的途径合不合理。如果他觉得不合理,觉得太离谱了,就不会给你。可是财神不给你,你不死心,下次又提出同样的计划,甚至一字不改又跟他要,他还是不理你。你再去的时候,他一生气跑掉了,魔就出现了。如果你感觉到有求必应就要小心了,应你的到底是财神还是财魔?很多人拜到最后已经被魔控制了还不知道。你去求神,神会保佑你,是因为你所求的是正当的。如果你所求的是不正当的,神怎么会保佑你呢?

## 第十集　先做财神的同道
### ——做一个财神喜欢的人

　　孔子说：仁者以财发身，不仁者以身发财。一个有爱心的人，是用所赚来的钱使他的身体更健康、更有功能，使大家更喜欢跟他互动。相反，一个没有爱心的人，是拿他的性命来换取钱财，钱越多越倒霉。神财跟魔财的不同就在这里。从现在开始，钱进来以后，你要先想想，这个钱是哪里来的。如果是财神给的，那你就知道它会使你活得更有价值。如果是财魔给的，你就知道它迟早会要你的命。钱的来源不同，效果完全不同。求财的人要记住，拜财神是很好的，但是拜财魔就不好了，往往我们自以为是在拜财神，结果却是在拜财魔，这是大家要特别小心的一点。

　　既然求多了会着魔，那少求一点儿，保平安不就好了吗？这样也不对，求少了就是自弃，就是自己对不起自己。你明明可以求得很多，为什么求那么少？这样你所要做的事情不是打折扣了吗？目标定得太低就相当于自暴自弃，财神会认为你这样是不尊重钱的。虽然我们前面讲过不要把钱看得很重，但是你要尊重钱。你本来可以要十块的，结果只要一块，那财神就认为你不尊重钱，那他就不用关心你了，结果你连一块都要不到。所以，不要说你客气一点儿，保守一点儿，少要一点儿，财神一定会很喜欢，一定会很慷慨地马上答应你，没有那回事。他一看你要那么少，根本不理你。

　　有一次，我们要从美国去加拿大，因为我们不是美国人，所以要通关。正好碰到工作人员问一个人，说："你身上带了多少

## 财神文化

钱?"对方回答："带了两百块美金。"工作人员说："你带两百块不能通关，住一个晚上都不够。"对方说："我有信用卡。"工作人员说："信用卡也不行，有很多地方用不了信用卡。"结果根本没让他通关。如果换成另外一个人说带了十万美金，那也不会让他通关：你带十万美金是想闯关？那还得了。所以，求多求少都不好，大家一定要好好去拿捏。就算财神真的很喜欢你的品行，可你就要那么一点点，他会觉得你品行这么好，自己这么喜欢你，给你这么一点点不公正。所以你求一块，他可能给你一百块；你求一百块钱，他可能给你十万，那你会不会被吓坏？他怕你吓坏还不敢多给，也不忍心少给，实在很为难。

因此，我们对待财神最好不卑不亢，你把心里头想要的钱数慎重地评量妥当，然后大胆直接去向财神要钱，该要多少钱一个也不少，但是也不多要。不过一般人对财神的看法有三种，一种是虔诚相信，一种是躲避怀疑，一种是坚决排斥。凡是虔诚相信的，大概有求就必应，多求就多财；凡是躲避怀疑的，会觉得一切有定数，求神真的没有用；如果坚决排斥的话，你就会认为自己就是财神。现在有很多人就是这样，认为求什么财神，我就是财神，你们求我还差不多。不否认这种人的眼光很高，能力很强，但一定是很辛苦很劳碌的。这三种态度，一种是很虔诚的，一种是怀疑的，一种是根本不相信的，大家自己去选，然后再决定你要做哪一种人。

# 第十集　先做财神的同道
## ——做一个财神喜欢的人

　　为什么要直接向财神要钱呢？因为孔子讲过，如果你不直接去，而是委托别人去，就代表你没有诚意。如果没有诚意，财神根本不理你。所以孔子不讲怪力乱神，但是他自己去祭拜，而且一定要本人到。因此，我们向财神要钱，要直接、大胆，但是自己要好好评估，以合理的标准提出合理的数字。要不要得到，还要看你的所要所讲是不是符合他的要求。如果是的话，我们可以保证你一定要得到。

# 第十一集　自己求合理应变

## ——人生是阶段性的调整

· 人生是阶段性的合理调整。我们随时要看不同的人、不同的形态，然后做出合理的调整。

· 如果你自己做好了，财神自然会来照顾你，根本不用你去求。

· 讨好每一个人，就等于讨好不了任何人。

· 你对神明谨守本分、谨守礼节，神明就会合理地对待你。

· 我们一切都是为了教化、方便、安全、有效，懂得这点，就抓到了正宗。

中华民族被称为"礼仪之邦",许多"礼仪"早已融入我们的日常生活中,而祭祀更是华夏礼典的一部分。因此,祭拜神明时,总有很多礼节,寺庙道场中也有很多规矩,然而现代人大多对其不明就里。那么,究竟这些礼节有何深意?神明真的会因为人们是否遵守了这些礼节,而生气或者高兴吗?

## 第十一集 自己求合理应变
### ——人生是阶段性的调整

财神,不仅仅是让我们膜拜祈求的,还是让我们把他当作一面镜子来自我反省、自我调整的。因此,我们选好自己想要效法的财神之后,要反过头来调整自己的心态,自己求合理地应变。

人生是有阶段性的,我们每个人必须要在适当的时候,合理地调整自己。换句话说,**人生是阶段性的合理调整**。我们每个人,每个阶段都要稍微调整一下,才能够合乎当前的需求。那么,应该如何调整自己的心态呢?

**第一,不依赖财神**。财神不是让我们全都依靠他的,因为财神不会救所有的人,他只救值得救的人,这才合理。普度众生是一个远程的目标,但是永远只能度可度之人。人,大多数是自暴自弃的,大多数是自甘堕落的,大多数是迷惑自己的。我们常常讲,人平时很聪明,但是一到紧要关头就很愚蠢,这是人类的弱点。所以,我们需要一面镜子来正衣冠。家里面出入的地方,要放一个比较长的衣冠镜,你要养成习惯,出门前整理一下再往外走。但是现

## 财神文化

在的人实在很糟糕,比如很多人把飞机当作自己的家,在飞机上穿得像睡衣一样,而且整个人就好像刚刚睡醒。如果按照我们中国的传统习惯来看,叫作成何体统。这就是自暴自弃。我们好不容易把自己跟动物拉开了距离,到了飞机上又恢复动物了,就是因为你盲目学西方。

西方人打乒乓球,要穿打乒乓球的衣服,散步要穿散步的衣服,出门有出门的衣服,回家有回家的衣服,所以西方人的洗衣机都很大,因为一天要洗很多衣服,要浪费很多水资源,然后还说要节约、要爱护。这种人和这种做法,财神是不会喜欢的。嘴巴讲得很好听,实际上都没有做到。中国人的衣服一般宽宽松松的,很多场合穿同一套衣服就够了。很多事情,大家真的要彻底去了解。我们最需要的是应变力,因为外面的环境时时在变,人、事、地、物不停地在变,SOP只是在车间那一个小范围有用,出了车间就不能老是SOP。千万记住,*我们随时要看不同的人、不同的形态,然后做出合理的调整。*

我们不要依赖财神。中国人讲不依赖,就是要适度地依赖,要不然拜他干什么?你先把自己该做的做好,至于自己照顾不了的,只好依赖财神了,因为你没有办法。换句话说,*如果你自己做好了,财神自然会来照顾你,根本不用你去求。*很多人常常讲我要求谁求谁,我都说你不要求,因为神明就是来照顾、来服务人间的,

## 第十一集　自己求合理应变
### ——人生是阶段性的调整

你做得好，他会主动照顾你。因此，我们对老天有信心，对神明有信心，就是这一条而已：像我这么好的人，如果你都不照顾，那你照顾谁？如果什么人都不照顾，神就不神了。这就够了，你自己先做好，财神随时会来照顾你。

**第二，不讨好财神**。如果你去讨好财神，那就让财神养成腐败的习惯了。我塞给你一千块，你要特别帮帮我，那财神岂不是被你搞坏了？财神不可以这样，也不会这样。你在功德箱里面放了多少钱，他是不会看的。如果财神看你投了多少钱，才帮你多少忙，他就被抓去关起来了。所以，不可以讨好财神，因为他不受这种威胁利诱。还有很多人在到庙里头去拜神佛之前，会事先去换很多零钱，然后一大把拿在手里面，不看神佛，只看功德箱，看见就塞，生怕得罪哪一个。这样的做法其实是得罪了所有的神明。你把他们当成什么了？这种态度，神明是绝对看不惯的。**讨好每一个人，就等于讨好不了任何人**，千万记住这句话。

**第三，不胡闹**。上面我们讲的不依赖、不讨好财神这两点，其实都比较容易做到。我们现在最大的问题就是到寺庙里去胡闹，不按照礼节行事，而又听那些所谓的导游乱讲。什么叫导游？就是经常乱讲的人叫导游，因为他为了制造兴趣点，可能会编造很多乱七八糟的东西，如果你听他的就完了。

## 财神文化

> 古人无论在拜神祭祀，还是日常生活中，都有很多礼节和风俗，于是有人认为中国人形式化，甚至认为中国人迷信。那么，究竟古人为什么要制定这些礼节？现代人在寺庙道观祭拜时，又有哪些想法和行为是不明就里的"胡闹"呢？

有一次，我去道观，看到里面写着"上善若水"四个字，我就问导游："为什么上善若水？"他说："水很重要。"我说："水是很重要，那太阳就不重要了，空气就不重要了？"导游就瞪了我一眼："你是来干什么的？"我说："你怎么这样说？"他说："我们是照本子念的，本子上怎么写，我就怎么念，所以你不要骂我，要骂就骂它。"我说："我没有怪你的意思，我只是希望你回去能建议一下，稍微修改一下，做一个合理的调整而已。"

刚开始的时候，大家听了导游对上善若水的讲解，不会觉得有什么问题。但是看多了上善若水，大家就会想，空气也很重要，太阳也很重要，那为什么只讲水？其实上善若水，不是说水很重要。老子这一句话的意思是说，一个人要修道的话，应该向水学习，这才叫上善若水。向水学习什么？第一，水给任何人用，它不问你的身份地位，这是水最伟大的地方。第二，水不收钱。有人说怎么不收钱，我们要交水费。水费是政府在收，不是水在收。第三，水永远往下流，从未改变过，所以人一定要力争上游。水有七个美德，

# 第十一集　自己求合理应变
## ——人生是阶段性的调整

是非常难得的，我们要好好去向水学习，这样才叫作上善若水。我们太过轻率，很多东西都没有好好去想。以前的人要写文章，一定会深思熟虑，所以他们的文章非常精练。我们要挖掘里面无限的东西，而不是就字面上一笔带过，或者一句话讲过去，那不可以。

我们是否注意到庙里头中门总是关的，只有左右门是开的。你问庙里的人为什么不开中门，他会说中门是留给皇帝走的，其实没有这回事。皇帝很少去寺庙，他只敢去少林寺。如果随便一个庙他就进去，那是非常不安全的，你请他，他都不敢去。那么，为什么寺庙的中门不能开？因为那是要防盗贼的。我们的寺庙跟西方的教堂是不一样的。西方的教堂都建在很热闹的地方，而我们为了不惊扰大家，寺庙都是建在很偏僻的地方。偏僻的地方土匪最多，强盗最多，而强盗要来抢劫，不会事先打招呼，而是一下子就涌进来了。所以，寺庙的中门一定是经常关着的，而且前面还有一座小桥，小桥两边一定是水池。我们今天把它叫作放生池，其实原先不是做这个用的。强盗老远跑过来，因为中门没有开，就不能直接冲进去，而且寺庙只要把两边的门一关，强盗就很难进去了。如果中门一打开，他们一下子涌进去，谁都抵挡不住。

再说一遍，我们古代圣贤所做的事情，首先是为了安全。因为安全，我们才会说，看到尼姑就倒霉。这一句话不但不迷信，而且还能保护尼姑。尼姑庵都在很偏僻的地方，那个地方只有两种男

**财神文化**

人，一种是农夫，一种是猎人。这两种人体格都比较好，看到尼姑出来，都觉得很美，再看到四周没有人，那尼姑就倒霉了。如果说看到尼姑就倒霉，那么他们就会连看都不敢看，这样尼姑就安全地过去了。这才是圣贤的用意，我们太轻率，说它是迷信，这是我们不对。中国人从来不迷信，只是这样做便于教化，而且大家会很容易相信。

再比如过节要放鞭炮。鞭炮其实是起消毒的作用，而且我们说鞭炮越长越好，就是因为鞭炮一长，你就得高高挂起，鞭炮在高处叭叭响，就相当于在空中喷洒消毒剂。鞭炮响过之后，散落一地，那你只好去扫，自然就会大扫除。想想看，你要告诉每家每户大扫除很难，但是告诉大家放鞭炮大吉大利，大家就很容易听进去。于是鞭炮自然就越放越长，然后越扫越厉害。最后再加上一条，扫地是财，不要扫到外面去，要扫到家里面。可见，*我们一切都是为了教化、方便、安全、有效，懂得这点，就抓到了正宗。*

*原来，中华民族的风俗礼节，都是为了帮助人们规避风险、纠正偏道行为、提升道德修养的。那么，被现代人误解的风俗礼节还有哪些？现代人去拜神，如何才能做到心敬行也敬呢？*

我们去庙里，有人会告诉我们不能踩门槛，否则神会不高兴。

192

## 第十一集　自己求合理应变
### ——人生是阶段性的调整

如果神那么容易生气，这个神也不值得我们跟他打交道了。其实不是这样的，而是庙里面多半是有些人在做一些活动，外面的人看不到，就去踩门槛，这样个高的人就会顶到门框上面而发生意外。因此，之所以不能踩门槛，是出于保护我们自己的目的。至于说先迈左脚还是右脚，那是多余的，左脚右脚都一样，只是我们不要踩门槛，不能够从中门进去。

庙外面有个大门是中门，里面还有个中门。这个中门，庙里的人告诉我们要从龙门进去，不能从虎门进去，为什么？我们常常说，左青龙，右白虎。那么，为什么一定要左青龙，右青龙不可以吗？如果你要考验一个看地理的人是不是真材实料，就问他为什么左青龙，为什么不能右青龙就好了，若是他答不出来，还告诉你这是祖师爷教的，那这个人你就不要相信了。左青龙是因为我们的心脏在左边，这就叫龙。全人类没有沟通，没有开会协调，都不约而同地靠右边走，就是因为所有人的心脏都长在左边。比如我们打仗的时候，很自然地左手拿盾牌，右手拿刀枪。靠哪里走？靠左走，盾牌没有用，所以自然靠右边走，左边有盾牌，就是有天然的屏障。

我们小的时候，老师第一次告诉我们走路要靠右边走，我们都问老师为什么要靠右边走，那左边留给谁走。老师也不知道，他的答案到现在我还记得，就是给警察走。因为他觉得警察为了保护他

## 财神文化

们自己，会把左边通通清除。那个时候我还不知道靠右边走是因为心脏长在左边。我们之所以说男左女右，也是这个原因。大家想想看，人要靠右边走，如果女性在你左边，就是你很不负责任，因为左边过去就是行车道，很危险。我们男人一定要走跟车靠近的这一边，让女人在我们右边，而我们的右手也比较有力量，她有什么闪失可以随时拉一把。因此，爱护女性才叫男左女右。我们把这些都搞清楚以后，就知道老祖宗一点儿也不迷信，他们很早就知道科学的发展就是这样子。

所以，我们进庙，只能从右边的门进去，右边就是左青龙。这又牵扯到方位的问题。中国的方位，跟庙，跟神是同样的，不是我们现在所说的上北下南、左西右东。我们看自己家的左右，是要站在门口往外看，不是从门口往里看。因此，你要进庙，拜托你靠右边走，为什么要靠右边走？因为右进左出，才比较有秩序，不会乱。你进去以后，会看到香多半摆在右边，不会摆在左边，否则就是错的。你点燃了香还不能马上拜佛，如果你拿着香着急去拜佛，那佛就很生气：你想害我，你不拜天，我怎么敢受你拜，这不是让我得罪天嘛，你求我也没有用。所以我们点完香，二话不说从中门出来先拜天。中国人拜天从来不求，就是一句话——谢天谢地，然后回头再去拜神。神会不会答应你的要求，要看天的脸色，如果看到你，天脸色很好，神就知道这个人八成是好人，自己无需再查；

## 第十一集　自己求合理应变
### ——人生是阶段性的调整

如果看到你,天脸色很差,神就知道这个家伙大概不好惹,自己最好不要帮忙。我们现在也是这样,你有事敢直接去找老板吗?不会,都是找干部。你跟干部这样那样讲的时候,干部会看老板的脸色,你就知道自己怎么求干部都没有用。通通是一样的,这已经在我们血液里面根深蒂固了。

我们进庙里,一定要按照庙宇里面的礼节行事,不要去胡闹,否则还不如不去。有的人说你要往西走,要怎么走,那都是他自己不了解。如果你在右边拜完,再从右边走,那外面的人也从右边进来,岂不挤成一团?你拜完,就从左边出来,所以那个叫虎口,右边这个叫龙门,一登龙门身价百倍。如果你听他的,尤其你是属羊的,从左边进去,就叫作羊入虎口,岂不糟糕了?我们用这种方式,老百姓就很容易听懂。

我们的寺庙是教化的场所,是现代的人民广场。我们要怀着这样的心,去参与活动,如果能帮忙,就去当义工;如果有余钱,就去奉献。为什么要奉献?就是增加他的能量,这样在你需要的时候,他才有办法帮你的忙。我们积少成多,个人衡量自己的能力,但是一定要量力而为,不能够勉强,这才是我们恭敬之心的表现。

人们怀着恭敬之心去祭拜神明,是希望获得保佑和指引。但是,有正就有邪,有佛就有魔,不是所有的寺庙供奉的都是神明,

# 财神文化

有些神明早已被魔取代，拜了魔只会招来祸患。那么，我们该如何分辨，一座寺庙是正还是邪呢？

如何知道庙里所供奉的财神是正的还是邪的？最明显的是看道长。道长要负很大的责任，你要看他怎么跟你介绍，看他怎么跟你应对。如果道长总是在注意你有没有往功德箱里塞钱，就说明这个道长心术不正。如果他动不动就叫你这样那样，那你也要小心。如果道长告诉你，我们对神只要恭敬就好，我们要衡量自己的能力，不能勉强，因为神也不喜欢勉强。那你就可以放心。这是很容易了解的事情。道长代表的是这一个道场整个的氛围和气场，你多跟他交谈，问问这里所供奉的神明是什么来历，做了哪些可供我们参考的事情。这样你就可以从中吸取很多经验，因为道长经验非常丰富。

实际上，尤其是道家，他们是从个人的保健做起。所以，真正的道场会有一个素食餐厅，它不以盈利为目的，但一定会收费，这样才能够长长久久。它最主要的是告诉我们怎么吃，因为现代人的病大部分都是吃进去的。今天，我们生病很少是真正的细菌感染引起的，反而多半是吃了一些不干净的东西。因此，道家就从食物的料理里面来给我们讲一些做人做事的道理，这才是纯正的道场。那里面所供奉的神明，你才可以放心地跟他来往。道长凭良心为大众服务，你也会凭良心去跟他所供奉的财神做合理的交流，然后慢慢

## 第十一集　自己求合理应变
### ——人生是阶段性的调整

熟悉起来。

每一个庙，都有它不同的特色。我拿我妈妈做例子来说明一下。我妈妈一生一世给我印象最深的，就是只要有什么风吹草动，她只求一尊神，即观世音菩萨，永远是这样。她从来没有东求一个，西求一个。我十几岁的时候就问她：观世音菩萨在哪里？她说：在你的心中，永远在你心中。很多人去拜菩萨，还要对半天，对齐了再去拜，这样的人太小看神了。如果神一定要对齐才能拜，那他的能量也太小了。就算你在家里拜，他都感应得到，才叫神。这个感应是你自己要去培养的，不是天生的。

千万不要求神通，因为神通最后是害己害人。当然，我不否认有神通，但是神通是用来救你最后一命的，不是平常乱用的，否则就会被收回去，那你就毫无神通了。现在我们可以看到，社会上有少数人总是玩弄神通，大概不用多久就没有了。虽然命还在，但是所有的神通都被老天收回去了，因为老天绝对不许可你乱用。我们是跟神明有感应，这个可以。大家一定很好奇，如何去感应？很简单，有的人会听到声音，有的人会看到影像，而大多数人什么都没有看到，也没有听到，但是他若有所思、若有所应，大部分是这样。

中外都有个共同点，我们要提出来，《圣经》上写得很清楚，富有的人要上天堂，比骆驼要穿过针孔还困难。可见，有钱人上天堂很难，穷人上天堂比较容易。我们的《易经》也告诉我们，富有

## 财神文化

的人去祭拜神,还不如那些贫穷的人去求有用。这不是仇富吗?不是排富吗?不是对富人的一种惩罚吗?都不是,而是在你自己。《易经》写得最清楚,穷人去拜神的时候,他奉上东西,说都不敢说一声,摆在那里,就开始谢天谢地,谢谢你照顾,这样神就不会去注意他到底供奉的是什么。有钱人就不一样了,有钱人一拜神,会说你有没有看到,全猪、全羊,都供奉给你。神明会想:你还跟我炫耀,我都被你气死了,你还来求我,快回去吧。道理就这么简单。你太傲气,太盛气凌人,神明觉得你比他还神,还来求他干什么,他才懒得理你。所以,很多事情还是要靠自己。**你对神明谨守本分、谨守礼节,神明就会合理地对待你。**其实在道场里面,我们把这一套好好磨炼一下,然后出来跟别人相处,也都是很有帮助的。

如果你到南海,可以看到观世音的道场,有一尊叫作不肯去观音,非常有名。当年有个日本人经过那里,看到那一尊观音非常漂亮,就想把它偷运到日本去。于是偷偷藏在船上,觉得可以放心地回到日本。结果船刚出发,浪就很高,怎么都走不动。船长很担心船会翻,就开始祈求:"老天,到底谁做了什么事,你叫他主动说出来,不要惩罚全船的人。"那个日本人大概也听不懂,所以他也没有吭气。但是浪始终很高,船无法前进。最后他的同事跟他讲:"可能你那个观音像不对,老天在警告你不可以做这种事。"他

# 第十一集　自己求合理应变
## ——人生是阶段性的调整

说："那怎么办？"他的同事说："你把他拿出来，送回去。"他们又把这尊观音供奉到原处，然后就风平浪静了。后来，我们就把这一尊观音叫作不肯去观音。不肯去哪里？不肯去日本。可见，我们要用正道去跟神明来往，不能搞歪门邪道，那是行不通的。

## 拓展阅读

### 上善若水

"上善若水"，出自《道德经》第八章。老子说："上善若水。水善利万物而不争。"告诉我们，人应该修道，但是修道要有一个榜样。这个榜样就是水，我们应该向水学习。为什么老子用水，而不用空气、阳光，或者其他的？因为他觉得水跟人很亲近。有些人不太去看阳光，因为怕晒，看到太阳就撑伞，太阳大了就不出门。有些人不知道空气多么重要，因为没有感觉。所以你说空气污染，他没感觉；你说空气很好，他也没感觉。可是水就不一样了，我们每天都要碰到。老子很喜欢用水来象征良好的德行，可是传到后来，水成了财富的象征。流传的话语到最后会失真，这叫作市场导向、市场炒作。我们要好好去想一想，到底水用来代表财富比较重要，还是用来代表德行比较重要。

## 财神文化

其实，我们也不必在这方面争论。因为一般人跟他讲德行很重要，他听不进去，而跟他讲财富很重要，他就听得进去。然后再引导一下，最后告诉他不要为富不仁，有了钱以后，还要注意德行，这也是一条办法。我们也不反对。

老子为什么说"上善若水"？原因很简单，就是下面这句话："水善利万物而不争。处众人之所恶，故几于道。"善，就是善于的意思；善利，就是利而不害。"处众人之所恶"，人之所恶就是低下，水就喜欢低下。老子也提醒我们，低下没有什么不好，因为高低本来就是相对的。如果人一定要高高在上，那基层的事情谁来做呢？"人之所恶"就是人都很讨厌比别的人低下，可是水却往低处流。往低处流，不叫下流，而是冲走一些污泥，这不是好事情吗？"故几于道"，就是几乎接近于道，但不能解释说水就等于道。水是道很好的象征，这样说才比较妥当。水，很善于无私地帮助万物，无私地利于万物而不求回报，它没有说你用它，就要收你多少钱。至于水费，那是人在收，不是水在收。水把船渡过去，若收费也是人在收，不是水在收。人利用水来收钱，那是人的事。人要争水道，要把水圈起来，不让下游用，这些都是人的事。水本身是不争的，它只有一个方向，即低的地方，它就流过去，仅此而已。

接着，老子列举了水的七个优点，这七个优点都是我们明明白白可以看到的：居善地，心善渊，与善仁，言善信，正善治，事善

## 第十一集　自己求合理应变
### ——人生是阶段性的调整

能，动善时。

"居善地"，它很会用地。如果地里的泥土水分不足，只要它处得低，水就供应它，让地滋润，以便生长东西。很多人把"居善地"解释成很会选择好地方，因而就变成了人很喜欢看风水，这是块风水宝地，我把祖先埋在里面，一定会发达的。其实，水没有选择地，只要这个地方低洼，不管是否被污染，是否很脏很臭，水照样去。所以它才会"处众人之所恶"。一切都按照它的本性，这就是水，不会因为别人的喜恶而改变。因此，"居善地"是说只要水到的地方，就算是再坏的地，很快也会改善变好。这是很正确的观念，叫作福地福人居。我们老说这片地方风水好，其实应该说人好风水才会好。

"心善渊"，水是没有心的。可是只要水积得深了，积得多了，自然会孕育出无限的生机。就算水很浅，很少，都还有些小生物在里面。如果积得多了，积得深了，积得广了，里面是可以生出很多很多东西的。这就告诉我们，人的心胸要广阔一点儿，不要太计较。越计较，越无路可走。宽广一点儿，自然海阔天空。良心是从自然中产生的。所以，"心善渊"真正的意思是说，要凭良心去做事，不要张扬，不要想着非得让别人知道。水养活了很多很多的生物，它从来没有讲过"你们全靠我，否则就活不了"之类的话。

"与善仁"，与，是给与、施与的意思。水给人的，是一视同

## 财神文化

仁，没有分别的。你是好人，我才给你用；你是坏人，我不给你用；你们这家坏，我就不进来，或者进来的都是脏水，水从来不会这样。不管是谁，它都同等看待。但是浪费水的，会自作自受，道理就这么简单。

"言善信"，水没有说话，却很有诚信。"言"这个字，在老子《道德经》里面，多半都是负面的。意思是说，做就好了，说那么多干什么呢？中国人也常常讲这样的话，你有本事就做，有真心就表现在行为上，不要老挂在嘴巴上，否则一天到晚讲一大堆都没有用。心中很纯净，心里面没有成见，自然就诚信。水不会说我给你保证，或者按个手印，表示我一定做到，这都没有必要。水不停流动，几乎不分昼夜，从来没有什么抱怨。

"正善治"，正，就是我们常讲的水平。水真的平吗？大家去水边看一看就知道了，水是从来不平的。因为它不停地在动，水越多动得越厉害，越少反而动得比较轻。那为什么叫正呢？这是我们最需要了解的。一个人老追求公平，这是不合适的。天下有什么公平呢？我们要求公正。水是很公正的，因为它要保持它的活水，保持它的生化的机能，所以它不能不动。不动就会变成死水，死水就养育不出东西来。因此水始终很正，可以产生很多很多的生机。

"事善能"，水没有说自己在做事，但是它能做的事非常之多。它可以清洗污垢，可以滋养万物，可以灌溉农田，可以水力发

## 第十一集　自己求合理应变
### ——人生是阶段性的调整

电，但是不管怎样，它都是彻底的奉献。所以如果有可能的话，我们要学习水的无私奉献。在道家里面，凡是能够无私奉献的人，就叫真人。意思就是其他人都是假情假意的，都是嘴边讲得好听的，都有所求，只有你真正在无私奉献。

"动善时"，中国人一说动，就要符合天时才对。我们常常讲，天时、地利、人和。天时永远摆在最前面，时机不对不要动，动了也白动。可是水很奇妙，它从来没有选择时间，但不管怎么动都符合这个时机。比如春天的水跟夏天的水就是不一样的，到了冬天还结冰。之所以要结冰，就是等到来年夏天缺水的时候，冰融化掉，又可以供应给万物。所以，不管水怎么变化，怎么运动，永远是符合天时的，我们要向它学习。

## 第十二集　德本财末才合道

### ——人人善尽自己的责任

- 一切一切的总根本，就是四个字：德本财末。
- 人一定要记住，就算再完美都有缺陷，再齐全都有局限。
- 我们要减低风险，增加可以管控的部分，这就要跟财神多多来往。
- 看得见的部分，我们不能依赖神；但是看不见的部分，我们只好依赖神。
- 地球村最需要的一个共存法则是：信者自信，不信者自不信，彼此尊重，彼此包容。
- 人活着不是为了权利义务，而是为了两个字——责任，这是《易经》特别交代的。

中国社会目前正处在一个经济飞速发展、资本原始积累的时期，对于钱财的追逐，已经成为很多人的生活目标。然而，世事无常，人生莫测，财来财往，瞬息万变。在这种情况下，我们如何才能保持一颗平常心？"君子爱财，取之有道"，这个"道"指的是什么呢？

## 第十二集　德本财末才合道
### ——人人善尽自己的责任

我们一路讲到这里，大家心里都非常清楚，*一切一切的总根本，就是四个字，叫作德本财末*。做人以修德为根本，财有多少，是你自己积蓄的，多也很高兴，少也很开心。就算你马上临时抱佛脚，也是没有用的，只好继续去提高自己的品德，这样才会有更大的财源，这是做人的根本道理。

有人说，既然这样，我们修德就好了，为什么还要跟财神互动？很多人是这么想的，我们也不反对，但是我们要深一层去想，为什么财神会有那么长久的历史，会得到那么多人信奉？有一句话，大家应该去琢磨一下，就是"色不迷人，人自迷"。比如女孩子穿得很漂亮，她并没有存心要迷你，而是你被她迷住了，这有什么办法？她没有迷你，是你自己迷了。所以迷不迷信，是自己的事，而不是对方的事。我们现在的人很有趣，我什么都不迷信，最后只迷信一个，就是迷信天下有迷信这件事情。凡是你不懂的通通叫迷信，这是最大的迷信。如果把这个破除掉，你的心胸就开朗

## 财神文化

了，你的视野就宽广了，你就慢慢通了。通才是最要紧的，因为世界上的道理，本来就是通的。懂得一部经，就懂得所有的经；懂得跟财神来往，就懂得跟所有神佛来往。何乐而不为？

我们再现实一点儿来讲，任何理财，不管财多财少，总有风险性。现在叫作风险性，最早没有风险性这个名词，叫作看不见的那一只手。这样大家才恍然大悟，为什么西方的科学家最后都信宗教？这一点真是妙不可言。照理说，科学是绝对不能迷信的，科学家怎么可以信宗教？西方很多科学家最后都信上帝，就说明科学总有解不开的部分。那么，为什么科学总有解不开的部分？因为老天不许可一个人把宇宙的奥秘完全搞懂，否则就太可怕了。如果宇宙所有的奥秘，被你一个人都掌握了，你也不需要太大的地方，只要一个小房间，就可以控制全世界。现在全世界都在研究一种叫作心灵控制术的东西，也不用大，就这么一个小房间，我坐在这里，说让世人通通听我的。这做得到吗？当然做不到。全世界都在研究就说明参不透。科学再发达，老天就是不让你懂这个，因为懂得这个的人，比希特勒还厉害，那是非常可怕的。

所以，人一定要记住，就算再完美都有缺陷，再齐全都有局限。人的局限性是老天规定的，寿命有局限性，智慧有局限性，创造发明有局限性，老天不让你通就是不让你通。其实互联网在开天辟地的时候就有了，不是现在才有，更不是谁去架设的。为什么几

## 第十二集　德本财末才合道
### ——人人善尽自己的责任

千年来，人类都搞不懂？就是因为时没有到。时一到，它本来就在那里。因此，大家要知道，老天适度地开放给我们的，就叫发明。其实，很多事情是人类自己应该检讨的。

举个例子。阿拉斯加原来是俄国的，俄国觉得那里又冷又不能住，还没有东西，留着没用，于是就很轻松地卖给了美国。卖给美国以后，才发现地下有很多石油。俄国人心里一定会想：当初我要是知道的话，打死都不卖。再比如我们东北的大庆，地下的油早已经被挖光了，可到现在还在挖，为什么？就是老天让苏俄那一边的油流过来了。苏俄很心疼，因为以前不知道地下是流通的，现在知道了，但也没用。那是自然现象，又不是人为的，人为做不到，自然它就有了。

我讲这些是想说明，有很多东西是科学没有办法掌握的，很多东西都有测不准的地方。所以，科学界干脆就有一个定律，叫测不准定律。测不准怎么办？认了，也是一条路。但是认了，心里总有些不甘。《易经》里面有一个卦，叫作无妄卦，讲的是无妄之灾，我这么好的人，居然会被散弹打到，真是冤枉，但是冤枉有什么用？我们要减低风险，增加可以管控的部分，就要跟财神多多来往。

面对莫测无常的人生，有的人相信这世上真的有一只"看不见

## 财神文化

的手"。所以，他们选择敬重神明，希望能够与神明进行互动。但是，也有的人认为，命运完全可以掌握在自己的手中，一切应该靠自己。这两种完全不同的态度，孰是孰非呢？

我们尊重大家的选择，你可以过一天是一天，不跟财神来往，反正你认了，每一天想怎么样就怎么样，一切靠自己。但是要知道，你靠自己没有问题，如果连累到自己的家人，就不对了。很多人说我怎么样怎么样，但是没有想到自己还有家人，很多事情不是一个人的事。如果你说那我们还是跟财神打打交道吧，这也是可行之道。不管大家做什么样的选择，我们都尊重。我们只是想让大家知道，一个人，当一切出乎自己意料之外的时候，是什么感觉。

举个投篮的例子。你抢到篮球，瞄准，投进去三分球，会说真准。如果你现在连瞄都没有瞄，一下子投进去三分球，会说真神。那就已经不是准了，而是神。别人问你怎么投进去的，你自己也不知道。这就是神，神就是出乎意料。你事先控制不住，也没有很好的安排，简单四个字，叫作歪打正着。所以，凡是那一种得了三分的，都说是打偏了，结果三分，就是歪打正着。

其实，我们经常会碰到这样的情况，对的会变成错的，错的会变成对的，因为外界的环境使然。我们面对的是一个多变的社会、多变的环境，变数太多，无法全面掌控，所以有些地方、某些时

## 第十二集　德本财末才合道
### ——人人善尽自己的责任

候，我们还是要跟神打交道。这也是我们当初会做讲解财神文化这样一个规划的基本原因。**看得见的部分，我们不能依赖神；但是看不见的部分，我们只好依赖神**。换句话说，如果有数据，有很明确的资讯，你就不要去求神，否则神会觉得很好笑：数据在那里，信息在那里，你先搞清楚再来。但是我们所面对的状况经常是资讯不充分，数据不正确。当你面对一个目标不明显、数据不充分、资讯很复杂的局面时，怎么办？你还是要做决策，但是这时候做决策有好几种办法，其中一种是靠第六感。第六感女人比较灵敏，男人比较迟钝。所以，很多人问我，男子汉大丈夫，要不要听女人的话，我的答案很简单，女人的话一定要听，但是女人的话不可以全听，这才叫《易经》。意思是说你要么不问，要问就要听，你自己做决定，但那个决定很难。

有一家高科技公司，大家在开会，各种不同的意见都有，总经理没有办法做决定，就打电话给他太太。他太太正在家洗菜，他说："太太，我们今天碰到一件事情，有这样的意见，有那样的意见，你觉得哪一个意见好？"然后把各种意见跟太太描述了一遍，太太说："我也不太清楚，不过听来听去，觉得第二个意见最好。"他就采纳了，照第二个意见办理。旁边干部听了很不服气："她在洗菜，也没思考，你就相信她了？"总经理说："你们对此有意见是不是？我告诉你，我每次问她都对，问你们都完蛋，这叫

经验法则。"其实不是经验法则，而是女人的直觉很灵敏，男人的直觉很糟糕，但是男人的方向感很好，女人的方向感很差。所以，女人最怕那种四通八达的厕所，她不知道怎么出来。厕所小，只有单面一个方向进出，那还好；厕所一大，四面都通，就糟糕了。我提醒大家，开车找不着地方别问太太，往南走还是往北走靠自己，这个非常清楚，这就叫作男女有别。

老祖宗每一句话都有根有据，只是当时他们的用词跟现在差别很大。我们要古为今用，就是要用现在的知识去理解当初的用意。大家很快会发现，我们是超越了现在的科学，我们把已知的部分交给科学，把未知的部分交给神明。

*人们在生活中遇到难以化解的问题时，往往会去求神拜佛，希望神明能给自己的生活指点迷津。那么，如此神机莫测的神明，会通过什么样的方式来为我们指点迷津？我们又该如何才能正确地感应到神明的指点呢？*

作为一个中国人，千万记住，有任何风吹草动，都不要轻易放过，这是我们的敏感性。全世界就我们中国人，这一点最灵光，不要把它丢掉。外国人这一方面很差，因为他们只相信上帝，认为上帝就是一切，我们不是。我讲一句非常诚恳的话，满天都是神佛，

## 第十二集　德本财末才合道
　　——人人善尽自己的责任

　　神佛的数字，远超过我们所知道的。人也很多，但是你认识几个？佛教所有的经里面，很多都是佛的名字，一直念，都念不完。真正的《心经》就是最后那两三句而已，前面都是在讲看到谁碰到谁。神佛我们认识的太少，但是实际上他们的数目非常多。当然，我们也不需要跟那么多神佛打交道，但是为什么满天都是神佛，这才是我们要追究的。神佛也要不断地进修，不断地参加研讨会，不然也会被淘汰掉。如果神佛不能与时俱进，很快就不见了。所以，神佛共治，也是神佛同修。

　　现在，连鬼都难当了。鬼为什么难当？有这样一个故事。很早以前，有一个人，磨好墨，提起笔，准备写一篇文章，叫作《无鬼论》，证明没有鬼。"无鬼论"三个字刚写完，鬼通通出来哭，说你不要写，你这样写的话我们连鬼都做不成了。他就很为难，为什么？因为你的题目定了叫《无鬼论》，但是你所看到的都是鬼，到底要怎么写？继续写无鬼，就是不凭良心；但是写有鬼，就是文不对题。最后这个人怎么写的呢？他说鬼这个东西，你相信，他就存在；你不相信，他就不存在。科学再发达，也没有办法证明鬼是不存在的；科学再发达，也没有办法证明鬼是存在的。到目前为止还是无能为力。*信者自信，不信者自不信，彼此尊重，彼此包容，这是地球村最需要的一个共存法则。*我们从这里，就可以慢慢扩展出去，这也是当前人类最需要的。

# 财神文化

　　其实，世界上不同的民族、不同的文明，都存在着不同形态的鬼神文化，这是为什么？中国的鬼神和西方所信仰的鬼神，有什么不同之处？而中国的鬼神文化，对于人类社会的发展，又有着怎样的影响呢？

　　神鬼佛数目非常多，因为他们都是人变来的。大家想想看，人往生以后，谁不想成佛，谁不想成神？我们都是有这个机会的。比如你要做孔子，就可以做孔子；你要做老子，就可以做老子；你要做释迦牟尼佛，就可以做释迦牟尼佛，这是我们中华民族的特色。孔子讲过一句话："我欲仁，斯仁至矣。"我们所讲的，是每一个人都可以做得到的。所以，我们的神跟我们是非常亲近的，我们可以放心地跟他们互动，只要不起邪念就没事。

　　西方不是，西方从来没有人说你好好修，就可以做上帝。上帝是独一无二的，他们叫作unique，没有哪一个人可以做上帝。中西方的不同就在这里。同样是鬼，西方的多半很可怕，叫厉鬼。中国的鬼都很可爱，你不会画画，他过来帮你画；你写错了字，他帮你改正；你晚上睡不着，他来陪你读书。只是你不能去惹他，因为孔子告诉我们"敬鬼神而远之"。那么，为什么我们的鬼比较可爱？因为他们希望透过跟人之间的互动，慢慢地能够提升到神。

## 第十二集　德本财末才合道
### ——人人善尽自己的责任

大家有没有发现，我们所拜的人，都有很大的功绩，对人类有很大的贡献，我们很舍不得他，所以当他往生以后，我们总是怀念他、纪念他，现在还是这样。比如那些对乡土有贡献的英雄，我们会主动替他立碑，定期去供奉他、祭拜他。如果大家更有志一同，慢慢就会给他盖个庙，这都是很自然的。张飞在他的故乡就有张飞庙，但别的地方没有，为什么？因为别的地方，比较客观、比较理智，他们认为张飞虽然很好，但是他毕竟鲁莽冲动，讲一大堆理由，就是不供奉他。张飞的家乡就不一样了，家乡人看来看去，觉得好像没有什么人才，张飞已经算是出类拔萃的，因而不管别人怎么想，就给张飞盖了庙，这是可以的。

我们的神，有中央的神，有地方的神。为什么我们中国会有这样多元的现象？我们看盘古好了。请问大家：盘古到底是在哪里开天辟地的？为什么到处都有盘古庙？很简单，在天地没有分之前，根本没有哪一个点，它整个是混沌的。盘古开天辟地以后，才开始有那一点。所以每一个人都说，盘古在我们这里开天辟地，都没有错。盘古开天辟地以后，才开始有固定的点，然后我们才知道黄帝在哪里出生，秦始皇在哪里死亡。如果在没有开天辟地以前，根本就是混沌一气，谁都不知道哪里是哪里。我建议大家，不要一笔勾销，不要把我们整个的历史都扭曲掉。中华民族有自己一路走来的一些不同的东西，从盘古开天辟地开始，我们要好好把它整理

出来，这样才能让后代子孙知道我们是如何一路走来的，那我们这一代就真的尽到责任了。人活着不是为了权利义务，而是为了"责任"这两个字，这是《易经》特别交代的。

今天有一个人升官了，你恭喜他，他会不会讲自己升官可以得到比较大的权力，可以得到比以前好的福利？相信没有人会这样讲。到今天为止，你恭喜别人升官，对方只有一个回答：这没有什么，我根本就不想做。你问他不想做为什么做，他会说没有办法，推不掉，这是责任问题。可见，我们都是为了责任在过日子，爸爸要尽爸爸的责任，妈妈要尽妈妈的责任，孩子要尽孩子的责任，老师要尽老师的责任，学生要尽学生的责任，最后推到神明要尽神明的责任。

我们也给神明一个机会，让他有提升的方向，这也是功德无量，因为神明还是要靠我们的，如果真的大家都不理他，他就不见了。神明给我们机会，我们也给他机会，彼此之间良性互动，大家一起把正能量聚集起来，然后发挥到应该去的地方，让中华文化不但救我们中华民族，而且救全人类。我想，这是21世纪我们中华民族共同应该善尽的责任。

第十二集　德本财末才合道
——人人善尽自己的责任

**拓展阅读**

## 人类的责任

伏羲氏画卦，他怎么知道画到三画就要停下呢？我相信，只要是人，一旦开始就停止不了。当伏羲氏画了三画卦之后，一定还有四画、五画，这样一直画下去，而且千奇百怪的卦都可能会画出来，这才符合自然。但是，伏羲氏最后还是决定用三画卦来传世，一定是有道理的。

人类文化的基因是会遗传的。现在有一项运动，我们的祖先在六七千年前就曾做过，就是拔河。拿一条绳子，当中设一个中心点，两边各有一队，然后比试哪队的力气大。为什么会有拔河的游戏呢？是因为六七千年前，人类还没有进入农业社会，而是以狩猎为生，好不容易打到一只很大的野猪，抬不动，只好用绳子拖回去，后来就慢慢发展成了一项运动。我们参加拔河的时候，怎么喊口号？会不会只喊"一、一、一"？不会。我们多半都会喊"一、二、三，一、二、三"，这个就跟三画卦有着非常密切的关系。

当喊"一"的时候，就是要看准目标，不要乱拔。这时候我们通常会抬头看天，天就出来了。喊"二"的时候，就是要站稳，稍微往下一蹲，就看到地了。喊"三"的时候，人就发力了。这样天、

地、人三才就出来了，这些东西都是自然对人类所产生的影响。

当年伏羲氏看来看去，上面有天，下面有地，中间林林总总什么都有，可是看来看去，还是将人作为了代表。伏羲氏体会天地之心，把人定在一个非常重要的位置，替人做好定位。三画卦最伟大的贡献，就是替人类在天地之间做了一个很明确的定位。所以周武王当年才会说"人为万物之灵"。

周武王的这句话也遭到西方很多的批评，说中国人太自大了。其实那是他们不懂，我们是觉得责任重大，而不是自大。如果你认为是责任重大，就会敦促自己做得更好，成为名副其实的"万物之灵"；如果你觉得自己很伟大，那就是自鸣得意，终究会沦为"万物之贼"，这也是阴阳。

天跟地是一体的，中国人说天就包括地在内，所以天、地、人三才后来就变成了天人合一。因为天地是不可分的，有天就有地，有地必定有天，因此，天、地、人合一后来干脆就叫天人合一。天发挥它的特性，地发挥它的特性，人则顶天立地，把天地的特性整合起来，使得宇宙越来越进化，这就是人的责任。

# 曾仕强教授出版著作

| 序号 | 书 名 | 定价 |
| --- | --- | --- |
| 1 | 易经的奥秘（完整版）（《易经的奥秘1》增补版） | 64.00 |
| 2 | 易经的奥秘2 | 64.00 |
| 3 | 易经的智慧合集（精装典藏版）（全六册） | 680.00 |
| 4 | 易经良基（共六册） | 192.00 |
| 5 | 易经良基·中（共六册） | 192.00 |
| 6 | 曾仕强详解道德经：道经 | 39.00 |
| 7 | 曾仕强详解道德经：德经 | 42.00 |
| 8 | 道德经的奥秘 | 36.00 |
| 9 | 道德经的玄妙 | 49.80 |
| 10 | 论语的生活智慧(上下)（新版） | 72.00 |
| 11 | 论语给少年的启示(上下) | 58.00 |
| 12 | 曾仕强点评三国之道：论三国智慧（上下） | 86.00 |
| 13 | 曾仕强评胡雪岩 | 29.80 |
| 14 | 胡雪岩：商圣是怎么炼成的 | 64.00 |
| 15 | 诸葛亮的启示 | 42.00 |
| 16 | 中华文化自信 | 45.00 |
| 17 | 中国人，你凭什么不自信 | 59.80 |
| 18 | 财神文化 | 49.80 |
| 19 | 我是谁 | 58.00 |
| 20 | 赢在职场：中国式职场修炼手册 | 49.80 |
| 21 | 别让情绪拖累你的人生 | 49.80 |
| 22 | 孝了，人生就顺了 | 64.00 |
| 23 | 坤道——曾仕强教做出色的中国女人（新版） | 45.00 |
| 24 | 中国式教养，中国父母家庭教养必修课 | 49.80 |
| 25 | 中国式家风 | 49.80 |
| 26 | 中国式家庭教育 | 59.80 |
| 27 | 中国式亲子关系 | 59.80 |
| 28 | 中国式父母 | 59.80 |
| 29 | 中国式爱情与婚姻 | 59.80 |

咨询热线：010-69292472